Die Autorinnen

BARBARA RIAS-BUCHER, geboren 1948 in München, ist seit ihrer Promotion 1976 freie Food-Journalistin. Ihre erfolgreichen Bücher zum Thema Kochen und moderne Ernährung haben sie international bekannt gemacht. Daneben hat sich die studierte Historikerin auf Alltagsgeschichte und regionale Bräuche spezialisiert.

TRAUTE SCARDOVELLI, geboren 1943 in Hamburg, studierte dort Design an der Fachhochschule für Gestaltung und arbeitete zunächst frei für Zeitschriften und Werbeagenturen in Hamburg und Mailand. Seit 1985 ist sie Redakteurin im BRIGITTE-Kreativ-Ressort.

Impressum

Es wurden Kreativ-Beiträge verwendet von
Kathrin Behrens, Katja Degler, Linda Eichhorn, Sabine Engelhart-Petersen, Renate Herzog, Ariane Heyduck, Theresia Hofmeier, Uschi Hussmann-Dilger, Ingeborg Jacobi, Felicitas Kamphus, Edelgard Lutze, Malschule Begemann, Heidrun Perdikas, Manja Quirch, Kirsten Türck, Karin Zelle

Fotos:
Gisela Caspersen (Titel und 16), Heino Baderob (1), Achim Deimling (21), Hajo Heye (12), Kahlbrandt + Kahlbrandt (6), Birgit Klemt (5), Wolfgang Krüger (17), Charlotte March (3), Ortwin Möller (26), Michele Monti (5), Rudolf Nüttgens (26), Peter Pfander (1), Hans-Joachim Schmidt (2), Rudi Schmutz (6), Ilse Thoma (1)

Gestaltung und Satz:
Ekkhart Blunck u. Stephanie Krause, Redaktion Wirtschaft GmbH, Hamburg

Herausgeberin: Anne Volk
Lektorat: Marita Heinz
Produktion: Bernd Bartmann, Druckzentrale G + J
Lithographie: Weissenberger, Hamburg
Druck: Mohndruck, Gütersloh

543
Printed in Germany
ISBN 3-576-10423-2

Barbara Rias-Bucher / Traute Scardovelli

Brigitte Weihnachten

Wie wir es uns in der festlichsten Zeit des Jahres rundum schön machen

Ein Brigitte-Buch im
Mosaik-Verlag

1. Kapitel

Advent

2. Kapitel

Nikolaus

3. Kapitel

Backen

4. Kapitel

Rund ums Schenken

5. Kapitel

Schöner Schmuck

6. Kapitel

Der Weihnachtstisch

7. Kapitel

Das Festessen

8. Kapitel

Stille Nacht

9. Kapitel

Nach Weihnachten

10. Anleitungen

So wird's gemacht

Barbara Rias-Bucher

Traute Scardovelli

Die Weihnachtszeit ist die schönste Zeit des Jahres: Draußen schmückt Tannengrün Tür und Tor, glitzern Lichterketten an verschneiten Bäumen. Drinnen erhellen dicke Adventskerzen dämmrige Winternachmittage, machen goldene und silberne Sterne die Wohnung heimelig-weihnachtlich. Es duftet nach selbstgebackenen Keksen, während die ganz Kleinen mit roten Bäckchen ihren Wunschzettel fürs Christkind malen. Ganz persönliche Geschenke entstehen – ein Bild mit Kreuzstich-Stickerei zum Beispiel, wenn Sie sich etwas Zeit nehmen können, eine wunderschön bedruckte Weihnachtsdecke oder ein selbstgebastelter Gutschein für Gartenarbeit im Sommer, wenn Sie kurz vor dem Fest noch eine Idee brauchen. Anderes wird mit soviel Fantasie verpackt, daß die Gabe selbst gar nicht groß sein muß.

Vorschläge für all das finden Sie in diesem Buch. Es hilft Ihnen dabei, in der Stillen Zeit eine schöne Atmosphäre zu schaffen, zeigt Ihnen, wie Sie ungewöhnlichen Christbaumschmuck und edle Tischdekorationen basteln, wie Sie Weihnachten mit Ihren Kindern vorbereiten und das Essen für den Heiligen Abend am besten planen.

Und es erzählt Ihnen viele Geschichten: Über den ersten Adventskranz und Luzias Lichter, über Nikolaus und Knecht Ruprecht, Krippe und Weihnachtsbaum. Sie erfahren, weshalb Engel Flügel tragen, welche Blumen im Schnee blühen, was es mit Haremskonfekt und den Herzen des Dichters auf sich hat und warum Äpfel zu Weihnachten gehören.

Wir berichten Ihnen auch von den handfesten Gründen, die der Sternsingerbrauch früher hatte und weshalb Schmalz so wichtig fürs neue Jahr war. Denn die Weihnachtszeit reicht ja bis zum 6. Januar. Wir schlagen Ihnen ein tolles Silvesterbuffet vor, das kaum Arbeit macht. Und unser Brunch von Seite 128 paßt zum Neujahrsmorgen genauso gut wie zu Weihnachten.

Selbstverständlich ist unser Buch nicht nur schön, sondern auch ganz praktisch. Mit vielen Rezepten für Plätzchen, internationale Weihnachtskuchen, festliche Menüs und Buffets. Mit genauen Anleitungen zum Sticken, Häkeln, Basteln und für Laubsäge-Arbeiten. Mit originalgroßen Vorlagen auf dem Bastelbogen. Und mit zahlreichen Anregungen, wie Sie aus unseren Vorschläge für sich und alle, die Sie lieben, Ihr ganz persönliches Weihnachtsfest gestalten können.

1. KAPITEL

Advent

Ob rustikal oder edel, in bunten Herbstfarben oder eisgrün wie das Reich der Schneekönigin – Kränze für Tor und Tür werden als Willkommensgruß immer beliebter.

Der grüne Kranz im Advent

Der erste Adventskranz war ein mächtiger Kronleuchter mit 24 Kerzen. Er hing Mitte des 19. Jahrhunderts an der Decke einer Erziehungsanstalt im protestantischen Hamburg.
Erfunden hat die Adventslichter im großen Kranz Johann Hinrich Wichern, Gründer der Inneren Mission, der 1833 das „Rauhe Haus" für schwer erziehbare Jungen einrichtete. Wichern war ein vernünftiger Pädagoge, der seine Schützlinge nicht zum Beten zwang, sondern ihr Interesse am christlichen Leben mit leicht verständlichen, schönen Bildern weckte.
So wurde an jedem Dezembertag während der Andacht eine Kerze mehr am Kronleuchter entzündet, bis am Heiligen Abend alle brannten. Später ging Wichern in ein Berliner Waisenhaus. Dort ließ er den Adventskranz aus Tannengrün binden. Vermutlich haben ihn die Leute, die in seinen Heimen arbeiteten, bald nach draußen in die Bürgerhäuser gebracht. Hier schrumpfte der Tannenkranz auf das Normalmaß, das in die gute Stube paßte, und aus den 24 Kerzen für jeden Tag wurden vier – eine für jeden Adventssonntag. Nach dem Ersten Weltkrieg wanderte der Kranz schließlich in den katholischen Süden Deutschlands. Und heute ist er auch in anderen Ländern beliebter Adventsschmuck. Die Sitte, den Kranz an die Türe zu hängen, stammt aus England und Amerika.

Fertigen Kranz dekorieren:
Zweige mit Beeren und Blättern auf etwa zehn Zentimeter Länge stutzen und am Stiel mit Blumendraht umwickeln. Das Drahtende – etwa zehn Zentimeter lang – in den Kranz stecken und um einen Zweig winden. Kurze Beerendolden und getrocknete Blüten mit Haarnadeln in den Kranz klemmen. Den Kranz rundum so schmücken.

Aus dem Norden

Holz als Material, strenge Formen, klare Farben – so ist Kunsthandwerk aus Skandinavien. Und so haben wir auch unseren Adventskranz gestaltet. Am besten kommt er auf einer unifarbenen Decke zur Geltung.

Adventskranz aus Holz

Das brauchen Sie:
60 x 80 cm Sperrholz, 3 mm dick. Als Kerzenhalter entweder Holzringe von ca. 4 cm Durchmesser (Bastelladen) oder Querholzplättchen von 4 bis 4,5 cm Durchmesser (Baumarkt). Außerdem: Laubsäge, Schleifpapier, Holzleim, Pinsel, Bastelfarben in Grün, Blau, Rot und Weiß und Klarlack.

So wird's gemacht:
Alle Teile des Adventskranzes finden Sie auf dem Bastelbogen. Kopieren Sie die Sternform zweifach auf Sperrholz (wie das geht, steht auf Seite 158). Dann sägen Sie die beiden Sterne aus (auch das wird auf Seite 158 genau erklärt). In den oberen Stern sägen Sie die auf dem Bogen eingezeichneten Schlitze A, B und C. Sie sind der spätere Standort der Tannen. Jeder Baum wird nun doppelt ausgesägt: jeweils einmal mit Fuß und einem 3 mm breiten Schlitz von der Spitze bis zur Mitte und einmal ohne Fuß; der 3 mm breite Schlitz reicht dann von unten bis zur Mitte. Wie die Bäume zusammengesetzt werden, zeigt die Zeichnung auf dem Bastelbogen. Sägen Sie nun den Weihnachtsmann aus, malen Sie alle Teile mit Bastelfarben an. Dann fügen Sie die Teile zusammen: Die Bäume kleben Sie in die entsprechend gekennzeichneten Schlitze des oberen Sterns, also A in A usw. Kleben Sie die Stellfläche (45 x 5 x 5 mm) an den Weihnachtsmann und die Kerzenringe auf den unteren Stern. (Holzringe einfach aufkleben, Querholzplättchen müssen Sie vorher noch in einen Schraubstock klemmen und ein ca. 2 cm dickes Loch hineinbohren.) Leimen Sie zum Schluß die beiden Sterne versetzt zusammen und überziehen Sie alles mit Klarlack.

Variation zum Thema:
Aus der 16zackigen Sternvorlage vom Bastelbogen können Sie auch einen Transparentstern fürs Fenster machen: Pausen Sie den Stern auf farbiges Transparentpapier durch und übertragen Sie die Linien dann mit drei aneinandergeklebten Bögen Kohlepapier (2 nebeneinander, 1 quer) auf schwarzen Fotokarton. Sind die Außenlinien übertragen, zeichnen Sie innen (8 mm vom Rand entfernt) noch mal dieselbe Sternform. Verbinden Sie im Innern des Sterns alle Linien so miteinander, wie die kleine Sternzeichnung auf dem Bastelbogen zeigt. Auch die inneren Linien sollen 8 mm breit werden. Die Symmetrie stimmt also nur wenn, Sie die Linien rechts und links jeweils 4 mm von der Mittellinie entfernt ziehen. Das Ausschneiden das Sterns gelingt am besten mit einem Cutter (Schneidemesser – siehe Seite 158). Schneiden Sie zuerst den Umriß aus, entfernen Sie dann vorsichtig die Teile im Innern – bis auf die eingezeichneten Stege. Nun wird nur noch der Stern aus farbigem Transparentpapier ausgeschnitten und hinter den schwarzen Rahmen geklebt. Noch raffinierter wirkt so ein Fensterstern, wenn zwei Farben im Spiel sind, die sich, übereinander, zu einer dritten Mischfarbe vereinen. Sie schneiden dafür zweimal die äußeren Umrisse des 8zackigen Sterns aus – diesmal mit 1 cm breitem Rand. Jeder Stern wird mit andersfarbigem Transparentpapier hinterklebt, dann werden beide versetzt zusammengeklebt.

Warten aufs Christkind

Goldene Sterne am Fenster weisen dem Christkind den Weg, und in den Adventshäuschen steckt für jeden Tag eine kleine Überraschung.

Advent ist die Zeit der Erwartung. Kinder begreifen das viel besser als Erwachsene: Mit dem Adventskalender zählen sie die Tage bis zum Fest. Sie führen gewissenhaft Buch über gute Taten, wollen der Mutter beim Keksebacken helfen und am Adventssonntag gemeinsam singen. Auf Spaziergängen sammeln sie Moos, bizarr geformte Zweige und schöne Steine für die Krippe.

Früher, als die Welt zwar auch nicht in Ordnung, aber viel ruhiger war, haben sich die Erwachsenen ebenfalls auf Weihnachten vorbereitet. Alte Lieder erinnern daran: „Macht hoch die Tür, die Tor macht weit, euer Herz zum Tempel zubereit'. Die Zweiglein der Gottseligkeit steckt auf mit Andacht, Lust und Freud, so kommt der König auch zu euch ..."

Damals ging es im Advent vor allem um Enthaltsamkeit und Fasten, Beten und Singen. Natürlich scheint diese christliche Strenge heute vielen Menschen nicht mehr zeitgemäß. Doch wir alle sehnen uns nach Ruhe und beschließen jedes Jahr wieder, uns diesmal vor Weihnachten nicht so abzuhetzen.

Machen Sie Ihre Vorsätze wahr: Halten Sie sich paar Nachmittage zum Basteln mit den Kindern frei. Laden Sie nette Menschen zum gemeinsamen Backen ein. Verbringen Sie einen Adventssonntag mit guten Freunden: Vormittags steht ein langer Spaziergang auf dem Programm, mittags kehrt man in einer gemütlichen Kneipe ein und nachmittags gibt's Kaffee und eine Kostprobe der ersten Weihnachtsbäckerei. Vermutlich kennen Sie auch Leute, die Spaß am Singen und Musizieren oder einfach nur am Musikhören haben. Bei Adventsliedern, Punsch und Kletzenbrot kommt eine wunderbar gemütliche Stimmung auf. So wird Ihr Advent zum erfreulichen Ruhepunkt im Jahr, zur schönen, stillen Zeit.

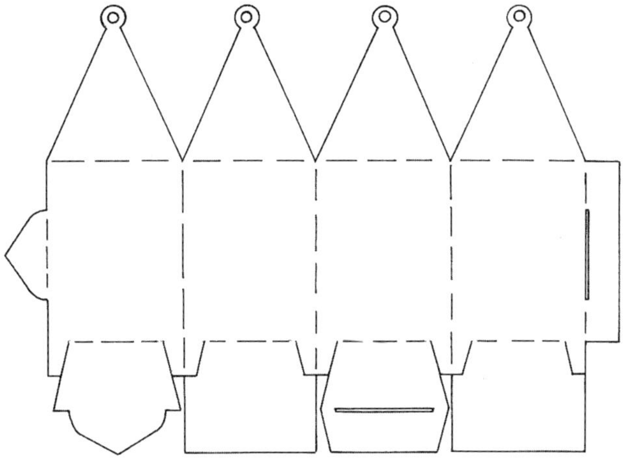

Diese Zeichnung per Kopierer vergrößern
und eine Pappschablone für 24 Häuschen anfertigen.

Advents-Häuschen

Das brauchen Sie für 24 Häuschen:
5 Bögen nicht zu steife Pappe in DIN A 2, Bleistift, Schere, Bindfaden und Filzstift oder Aufklebeziffern (Schreibwarenladen).

So wird's gemacht:
Die Zeichnung ist das „Schnittmuster" für die Häuschen. Übertragen Sie es auf Pergamentpapier und vergrößern Sie es per Kopierer – je nach Inhalt – beliebig groß (für die Häuschen auf dem Foto 20 cm hoch und 27 cm breit). Fertigen Sie nach Ihrer Fotokopie eine Pappschablone an. Zeichnen Sie damit die Umrisse von weiteren 23 Häuschen auf die Pappbögen. Die durchgezogenen Linien schneiden, die gestrichelten Linien anritzen, mit Zahlen von 1 bis 24 beschriften, dann die Häuschen zusammenstecken. Mit kleinen Geschenken füllen und durch die Ösen am Dach Bindfaden ziehen.

Sterne

Das brauchen Sie:
dünne Metallfolie, gelbes Nähgarn, eine Nähnadel und eine lange, dickere Nadel mit Kopf zum Sticheln der Muster, Zeitungen als Unterlage.

So wird's gemacht:
Eine Vorlage für die Sterne finden Sie auf dem Bastelbogen. Auf die Folie übertragen, verschieden große Sterne ausschneiden. Auf der Zeitungsunterlage Sterne an den Kanten mit der Pinnadel lochen, dann mit dem Nähgarn die Sterne miteinander verbinden und ins Fenster hängen.

Lichter für Luzia

Nach dem alten Julianischen Kalender, der in Deutschland und Schweden bis ins 18. Jahrhundert galt, war der 13. Dezember der dunkelste Tag des Jahres. Wie zum Ausgleich feierten die Leute das Fest der heiligen Luzia, der „Lichtträgerin", einer reichen und schönen Sizilianerin, die im Jahre 310 als Märtyrerin für ihren Glauben hingerichtet wurde. Im Norden und Süden haben sich bis heute interessante Luzien-Bräuche erhalten.

Am hellsten strahlt Luzia in Schweden: Im 19. Jahrhundert kam sie als Gabenbringerin – wie das deutsche Christkind – und beschenkte die Kinder der Gutsherren und wohlhabenden Bürger. Heute besucht sie Kindergärten und Schulen, Krankenhäuser und Heime, Betriebsfeiern und Universitäten: Die junge Frau im langen, weißen Kleid mit roter Schärpe bietet am Morgen des 13. Dezember Kaffee und „Luzia-Katzen" an, ein spezielles Gebäck aus Hefeteig mit Safran und Mandeln. Auf dem Kopf trägt sie einen Kranz aus Preiselbeerzweigen mit brennenden Wachskerzen.

Ein ganz anderes, genauso lichterhelles Fest feiern Kinder viel weiter südlich, in Fürstenfeldbruck bei München. Nach Anbruch der Dämmerung bringen sie selbstgebastelte Häuschen aus Pappe in die Pfarrkirche. Im Innern jedes Häuschens steht ein Teelicht, das durch die bunten Fenster aus Ölpapier leuchtet. Nach dem Segnen erzählt der Pfarrer die Geschichte des Brauches: Am 13. Dezember 1785 trat die Amper über die Ufer. Die Leute, deren Heim erhalten blieb, brachten dem Fluß Nachbildungen ihrer Häuser mit der Bitte, sie in Zukunft vor einem so gewaltigen Hochwasser zu verschonen.

Von der Kirche geht der Zug zum Ufer der Amper, wo die Papp-Häuschen ins Wasser gesetzt werden. Und oben auf der Brücke warten die Zuschauer, um die Fürstenfeldbrucker „Lichterschwemme" zu bewundern.

Schwimmende Kerzen
Wer keinen Fluß in der Nähe hat, läßt Luzias Lichter in einer großen Schale schwimmen. Aus Teelichtern die Dochte samt Halteplättchen ziehen und in Walnußschalen setzen. Das Wachs in einem Topf flüssig werden lassen und in die Nußschalen füllen.

Lichter für draußen und drinnen

Der Advent muß strahlen – weil die Tage kürzer und die Nächte kälter werden. Licht macht die dunkle Zeit schön kuschelig, schafft Vorfreude aufs Fest. Lassen Sie's also ein paar Wochen richtig leuchten.

Türschmuck
(Foto links)
Ein Herz aus etwa zwei Meter festem Draht biegen. Buchsbaumzweige mit Blumendraht um das Herz binden. Eine bunte Lichterkette um das Herz legen. Achten Sie darauf, daß der Stecker bei Ihrer Steckdose landet.
Zuletzt mit einem breiten roten Band umwickeln.

Efeukranz
(rechts oben)
Den Draht zu einem etwa 45 cm großen Ring biegen, der unten offen ist. Dabei den Draht so reichlich bemessen, daß Sie die Enden etwa 13 cm tief in einen Topf mit üppig wucherndem Efeu stecken können. Die Efeuranken teilen und auf beiden Seiten um den Draht winden. Die Lichterkette mehrmals um den Efeu wickeln. Dabei mit den ersten Lichtern am Steckerende beginnen.

Tannenstern
(rechts unten)
Motiv auf Papier vorzeichnen und circa 2 m festen Draht danach biegen. Den Drahtstern mit einem 40 x 40 cm großen Stück Hühner-Gitterdraht auskleiden. Die Lichterkette so durch dieses Gitter fädeln, daß die Sternform gut zur Geltung kommt. Den Stern mit Blumendraht an einem Stab befestigen. Zum Schluß Stern und Stab mit Tannenzweigen verkleiden.

Lichterketten bekommen Sie in Supermärkten und Kaufhäusern.

Die Tage bis Weihnachten zählen

Bunte Fensterchen, Süßigkeiten und kleine Geschenke gab es im Ur-Adventskalender nicht. Der erste, den wir kennen, stammt von einem Maler des 15. Jahrhunderts: Das Bild zeigt Maria mit dem kleinen Jesus in einem dürren Baum, dessen Zweige 24mal den goldenen Buchstaben „A" (für „Ave Maria") tragen. Für Kinder waren solche Kunstwerke natürlich nicht bestimmt – sie wurden für Adlige und reiche Bürger angefertigt.

Kinder mußten sich früher mit Kreidestrichen an der Tür oder Kerzen mit 24 Kerben begnügen. Aus Klosterschulen kam der Brauch, ihre guten und bösen Taten in Holzleisten einzukerben. Diese „Kerbhölzer" für Zucht und Ordnung – wir sprechen noch heute davon, daß jemand „etwas auf dem Kerbholz hat" – wurden dem Nikolaus vorgelegt, damit er belohnen oder strafen konnte.

Im Laufe der Zeit wurde es dann bunter und freundlicher im Advent. Manche von uns kennen aus ihrer Kindheit noch den Brauch, jeden Tag für eine gute Tat einen Strohhalm in die Krippe zu legen, damit das Christkind am Heiligen Abend weich gebettet liegen konnte.

Der erste gedruckte Adventskalender erschien 1903. Geschrieben und gezeichnet hat diesen „Münchener Weihnachts-Kalender" der Verleger und Künstler Gerhard Lang: Auf den 24 Kästchen für die Adventstage erzählen Verse, was Christkind, Nikolaus und Engel vor Weihnachten noch alles zu erledigen haben. Genau wie auf der Erde werden da im Himmel Kekse gebacken, Spielsachen repariert und Geschenke verpackt. Dazu gab es einen Bogen mit Bildchen zum Ausschneiden und Aufkleben.

In Norddeutschland gab es schon im 19. Jahrhundert Weihnachtsgärten: Die Kinder bauten Adventsdörfer mit Häusern und/oder Tieren – wie bei unserem selbstgemachten Adventskalender auf Seite 22.

Übrigens mögen Kinder auch heute noch am liebsten Nikolaus und Strahlenkerze, Weihnachtskrippe und Stern von Bethlehem auf ihrem Adventskalender. Krieg der Sterne, ET, Mickymaus, Rambo und selbst die „Dinos" schneiden eher schlecht ab. Denn Gold- und Silberstaub, verschneite Tannenwälder und Rauschgoldengel gehören für kleine und große Kinder auch heute noch zur Stillen Zeit.

Adventskalender aus Filz

Das brauchen Sie:
73 x 79 cm grünen Filz und 40 cm roten Filz, mindestens 80 cm breit, 25 x 35 cm weißen Filz, bunte und hautfarbene Filzreste, kleine Schere, Alleskleber, Stecknadeln, Filzstift, Nähnadel und Nähgarn.

So wird's gemacht:
Weihnachtsmänner finden Sie in Originalgröße auf dem Bastelbogen.
Auf Transparentpapier durchzeichnen (wie das geht, steht auf Seite 158) und ausschneiden.
Alle Muster auf dem roten Filz feststecken und jede Grundform 2mal korrekt ausschneiden. Dann alle 24 Weihnachtsmänner in einem Abstand von 1 – 2 cm so auf eine 63 x 69 cm große grüne Filzfläche aufstecken, daß ein Rand von 5 cm bleibt, und, wie die Zeichnung zeigt, mit Steppstichen aufnähen. Wichtig ist, die Fäden rechts und links am Eingriff gut zu befestigen. Jetzt werden aus den jeweiligen Weihnachtsmannformen die kleinen Teile zugeschnitten. Bart und Mützenrand bestehen aus einem Stück. Das Gesicht hat immer die gleiche Form und wird auf das weiße Stück (Bart und Mützenrand) aufgeklebt. Auch Manschetten, Handschuhe, Stiefel, rote Filznase usw. zuschneiden und mit Alleskleber aufkleben. Mit Filzstift Punkte als Augen malen. Schneiden Sie die kleinen

Teile ein paar Millimeter größer, damit der rote Filz nicht vorschaut. Nun wird der grüne Filz auf das Format 70 x 76 cm umgebogen und ein 3 cm breiter Saum geklebt. Die Verzierung am Rand ist ein daraufgeklebter 1 cm breiter roter Filzstreifen.
Zum Schluß rechts, links (und evtl. in der Mitte) Aufhänger aus Filz annähen.

Variationen zum Thema:
Weihnachtsmänner als Anhänger oder Kartenmotive:
Alle Linien auf Pappe durchpausen, mit Filz- oder Buntstiften ausmalen.
Auch als Stickvorlagen für weihnachtliche Sets oder Servietten sind die Weihnachtsmänner gut geeignet. Entweder die Konturen im Stielstich sticken oder die Flächen im ineinandergreifenden Plattstich. Wie beides geht, steht auf Seite 159.

Figuren erst aufstecken, dann festnähen.

24 Weihnachtsmänner aus Filz, und in jedem steckt eine kleine Überraschung.

Der etwas andere Adventskalender

Nach und nach ein ganzes Bild gestalten statt Fensterchen zu öffnen - das ist unsere Idee für diesen kreativen Kalender. Jeden Tag wird ein selbstgebasteltes Motiv in die Landschaft gepinnt, bis das Winterdorf am 24. 12. komplett ist.

Adventsbild

Das brauchen Sie:
Für die Landschaft
1 Dämmplatte (57 x 40 cm groß, 1 cm dick), Profilleisten (1,5 – 2 cm breit) für den Rahmen, Holzleim und Pinnadeln mit bunten Köpfen. Für die Figuren entweder 1 Sperrholzplatte (ca. 40 x 40 cm, 1,5 mm stark) oder 1 Bogen feste Pappe, Laubsäge oder spitze Schere, für Holz: feines Schleifpapier. Außerdem Pinsel, Bastelfarben in Weiß und in Bunt, Klarlack und Zwirn zum Aufhängen.

So wird's gemacht:
Die Dämmplatte für die Landschaft weiß grundieren. Die Landschaft finden Sie in Originalgröße auf dem Bastelbogen. Übertragen Sie sie auf die Dämmplatte, oder zeichnen Sie nach den vorgegebenen Maßen eine Landschaft darauf. Bunt anmalen und mit Klarlack überpinseln. Für den Rahmen Profilleisten passend zurechtsägen, anschleifen und mit Holzleim auf die Dämmplatte kleben. Nun übertragen Sie die Figuren vom Bastelbogen mit allen Linien auf Pergamentpapier. Dann bringen Sie zunächst nur die Umrisse der Figuren auf Sperrholz oder Pappe. (Wie das geht, steht auf Seite 158.) Pappfiguren mit einer spitzen Schere ausschneiden, Holzfiguren aussägen (wie gesägt wird, steht auf Seite 158), mit Schleifpapier an den Kanten abschleifen. Figuren mit weißer Bastelfarbe grundieren. Nach dem Trocknen die inneren Linien auf die Figuren übertragen, bunt anmalen, dann mit Klarlack überpinseln. Zuletzt bekommen alle Figuren noch ein Loch für den Faden zum Aufhängen (Sternchen). Die Fäden nehmen Sie weg, wenn Sie die Figuren ins Bild pinnen.

Variation zum Thema:
Die Figuren können Sie – evtl. per Kopierer verkleinert oder vergrößert – als Stickvorlagen benutzen: entweder die Linien dreifädig im Stielstich oder die Flächen im ineinandergreifenden Plattstich sticken. Beide Techniken werden auf Seite 159 erklärt.

Weiße und farbige Teelichter gibt es nicht nur in Metalltöpfchen, sondern auch in hitzefesten Glastöpfchen.
Achtung: In Metalltöpfchen werden schon ein paar Lichter nebeneinander ungeheuer heiß und können Tisch oder Kommode ruinieren!

Adventssymbole deuten

Früher glaubten die Menschen, daß Bilder am besten die Wahrheit sagen können. Auf vielen alten Gemälden sehen Sie deshalb eine Fülle von Details, die damals jeder Betrachter „lesen" konnte. Manche Symbole sind sprichwörtlich geworden – zum Beispiel die Friedens-Taube, der Löwen-Mut, die lilienweiße Unschuld oder die Bescheidenheit des Veilchens. Auch typischer Schmuck für Weihnachten steckt voll solcher Anspielungen. Adventslichter sind Sinnbild für Christus, der den Menschen die Welt durch den Glauben erleuchtet hat. In Schottland muß die Weihnachtskerze besonders groß sein, damit sie im kommenden Jahr Glück bringt. Grün-rote Weihnachtspflanzen wie Ilex und Weihnachtsstern, grüne Kränze mit roten Kerzen oder Nadelbäume mit rotem Schmuck gehören ebenfalls zu den Bildern für Christus: Die Symbolfarbe Rot erinnert an sein Leiden und Sterben, Grün an die Auferstehung. Barbarazweige, die am 4. Dezember ins Zimmer geholt werden und zu Weihnachten blühen sollen, prophezeiten früher die Zukunft: Kirschzweige in voller Blüte bedeuteten eine gute Obsternte. Junge Mädchen, die damals in einer guten Partie die beste Zukunft sahen, stellten Zweige mit dem Namen ihrer Favoriten ins Wasser. Wenn ein Zweig verdorrte, war nichts zu erhoffen. Bei den anderen wurde es dann richtig spannend …

Edle Dekoration
Ein geschmückter Kranz umrahmt das Fenster. Mit Kerzen auf verschieden hohen Haltern lassen sich Licht und Schatten besonders schön gestalten.

Advent wie bei den Nachbarn

In den USA läßt man Kürbisse strahlen. Die Briten schwärmen für Ilex, grüne Stechpalmen mit roten Beeren. Und in Skandinavien brennen die Lichter ganz ohne frisches Grün.

Winterbäume können strahlen – an der Hauswand (wie die Glyzinie auf dem Foto links) oder freistehend im Garten. Sie brauchen eine Lichterkette für außen, halb so viele Korken, wie die Kette Lämpchen hat, ein scharfes Messer und hitzebeständigen Kleber. Dazu genügend Gold- oder Silbermetallfolie, damit Sie jedes Lämpchen mit einem Stern verkleiden können. Das Sternmotiv (für die Sterne aus Metallfolie von Seite 14/15) vom Bastelbogen auf Pappe übertragen und mit dieser Schablone die Sterne schneiden. Korken in Scheiben von etwa 1,2 cm schneiden und die Sterne daraufkleben. Den Baum mit der Lichterkette dekorieren. An die Fassungen der Lämpchen die Korken mit den Sternen kleben.

Zackensterne aus Buchsbaum, Eibe und Ilex werden entweder genauso gemacht wie der Tannenstern auf Seite 19, oder Sie umwickeln nur die Drahtkontur (siehe Foto). Sterne wie auf dem Foto an Stöcke binden und in großen Töpfen aufstellen oder an die Hauswand hängen. Als Zimmerschmuck mit einer Kerze in der Mitte auf den Tisch legen.

Wegweiser ins vorweihnachtlich geschmückte Haus: Große oder kleine Kürbisse, Mandarinenschalen und Orangenhälften aushöhlen. Die Schalen mit Klebe-Sternen aus dem Schreibwarengeschäft als Schablonen bekleben und mit einen kleinen spitzen Messer ausschneiden. Mit Teelichtern im Innern zum Leuchten bringen.

Draußen im Advent

Es gibt den stillen Advent mit Kranz und Kerzenschein im Zimmer. Und es gibt den lauten mit Spiel und Spektakel im Freien. Der ist älter und stammt noch aus der Zeit, als die meisten Menschen auf dem Land wohnten. Das „Klöpfeln" zum Beispiel ist seit dem 15. Jahrhundert Brauch – früher in ganz Deutschland, heute vor allem in Franken, Schwaben, Oberbayern und den österreichischen Alpen. An den letzten drei Donnerstagen vor Weihnachten ziehen Kinder von Haus zu Haus, klopfen an die Tür und singen Adventslieder. Das ist Mahnung und guter Wunsch zugleich: Die Bewohner sollen daran denken, daß sie einmal an der Himmelstüre anklopfen werden. Und die Klöpfler wünschen ihnen, daß man sie dann auch einläßt. Gute Wünsche verdienen guten Gaben, und so bekommen die Kinder Süßigkeiten, Äpfel, Nüsse und oft auch Geld.

Viel rauher geht es bei den dänischen Julbock-Aufzügen, den friesischen „Thamsen" und den lüneburgischen „Thomsen" zu: Junge Burschen verkleiden sich mit Fell und Hörnern, tragen Strumpfmasken oder schwärzen ihre Gesichter und ziehen am 21. Dezember, dem Thomas-Tag, durchs Dorf, um die Leute zu foppen: Meist bleibt es bei derben Sprüchen oder einem Schlag mit dem Aschenbeutel. Manchmal werden aber auch die Räder vom Fuhrwerk abmontiert oder die Gartentür wird ausgehängt und versteckt. Solche Bräuche sind aus Strafen entstanden: Wer früher gegen das ungeschriebene Recht des Dorfes verstoßen hatte, wurde nicht angezeigt, sondern öffentlich lächerlich gemacht. Der Advent, in dem sich die Menschen besinnen und auf die Geburt des Heilands vorbereiten sollten, war für solche Strafaktionen besonders beliebt.

Die Zeit vor Weihnachten war für die Leute auf dem Land damals so aufregend wie für uns heute Silvester. Denn bis weit in unser Jahrhundert bereiteten sich die Bauern im Winter auf ein neues Arbeitsjahr vor, Knechte und Mägde wechselten zu Sankt Martin am 11. November oder knapp vor Weihnachten den Arbeitsplatz. Man war daher gespannt auf die Zukunft und liebte Orakelspiele wie Bleigießen und Schuhewerfen: Zeigte die Schuhspitze in den Raum, würde man bleiben, zeigte sie zu Tür oder Fenster, würde man sich bald eine andere Stelle suchen müssen. Der Traum des ersten Adventssonntages sollte in Erfüllung gehen, und das Wetter an diesem Tag galt als Vorzeichen für den ganzen Winter. Der Flachs, so hieß es, werde so lang wie die Eiszapfen im Advent.

Advents-Schneemänner im Lichterglanz – so stimmungsvoll wie ein Kranz im Zimmer.

Eilt sehr
KONSTANTIN
BRIEF
Termin
SCHLOSS HAMBORN
GRUPPE SCHNEBEL
BORCHEN
4799
FLYING DOLPHINS

Weihnachtliche Notizen

Es gibt noch viel zu tun. Ein Notizbuch bringt Ordnung in Ihre Weihnachtsvorbereitungen. Nehmen Sie sich einen gemütlichen Nachmittag zum Planen und Notieren: Wann Stollen und Kletzenbrot gebacken werden, wer in diesem Jahr Weihnachtsgrüße bekommt, und wie Sie den Baumschmuck ergänzen wollen.
So ein Notizbuch leistet zum Nachschlagen viele Jahre gute Dienste: Sammeln Sie die besten Keksrezepte darin, notieren Sie den köstlich-leichten Punsch Ihrer Freundin, halten Sie fest, wer in welchem Jahr welches Geschenk bekommen hat, und schreiben Sie hübsche Bastelarbeiten für die Kinder auf. Langsam füllt sich das Buch, und irgendwann werden Sie darin so gerne schmökern und in Erinnerungen schwelgen wie beim Blättern im Fotoalbum.

Advents-Geschenke
So werden einfache Notizbücher, Schreibhefte mit festem Deckel oder Ringbücher weihnachtlich: Mit Geschenkpapier, Gold- oder Silberfolie usw. einschlagen, wie man es mit Schulbüchern macht. Kinderzeichnungen, Postkarten, Klebebilder und was Ihnen sonst noch gefällt, auf einfarbige Notizbücher kleben. Von Motiven in Büchern oder von wertvollen Kalenderblättern können Sie dafür Farbkopien machen lassen.

2. KAPITEL

Nikolaus

Niklaus ist ein guter Mann

Es war einmal ein armer Mann, der hatte drei schöne Töchter. Als es Zeit war, daß die Mädchen heiraten sollten, wußte der Vater nicht weiter. Denn Geld für die Mitgift besaß er nicht.

Da wollte er die drei in ein Bordell schicken, damit sie ihren Lebensunterhalt „mit ihren Sünden" verdienten, wie es in der alten Legende heißt.

Warum die drei Schönen nicht einfach arbeiten gingen, sagt uns die Erzählung nicht – dann wäre sie nämlich schon zu Ende gewesen. So aber konnte Nikolaus auf den Plan treten und alles zum Guten wenden: Nachts warf er drei goldene Kugeln ins Schlafzimmer der Mädchen. Er sorgte auch gleich für drei passende Freier: Auf einem Fenster in der Kirche St. Martin in Colmar kann man die jungen Männer herbeilaufen sehen. Und wenn Sie ein altes Bild oder Standbild eines Bischofs sehen, erkennen Sie den heiligen Nikolaus an drei Goldkugeln (für seine Mildtätigkeit) und einem Buch (für seine Gelehrsamkeit).

Noch viele andere Geschichten werden von Bischof Nikolaus erzählt: Als Säugling schon hielt er die Fastenzeit ein, ließ sich nur einmal täglich an die mütterliche Brust legen. Er erweckte drei Jungen wieder zum Leben, die ein böser Mensch ermordet und – für den Vorrat eingepökelt hatte. Deshalb wurde er zum Schutzheiligen der Kinder und – merkwürdigerweise – auch zu dem der Metzger. Den römischen Kaiser Konstantin überzeugte er von der Unschuld dreier Feldherren, die hingerichtet werden sollten. Zum Patron der Seeleute wurde er, weil er drei in Seenot geratene Pilger vor dem sicheren Tod bewahrte. Bei einer drohenden Hungersnot schaffte er soviel Getreide heran, daß die Leute satt wurden und noch Saatgetreide übrig blieb. Diese Leistung machte ihn auch zum Schutzpatron der Bäcker. Natürlich ist keine dieser Geschichten wahr. Doch Nikolaus war gewiß ein bedeutender Mann. Sonst hätten die Leute nicht soviel über ihn erzählt und soviel Wunderbares erfunden.

Sicher wissen wir von ihm nur, daß er Bischof von Myra war, dem heutigen Kale in der südlichen Türkei, und um das Jahr 350 gestorben ist. Und daß auch sein Namensvetter, Nikolaus von Sion, der etwa 200 Jahre später lebte, viel zu den Legenden um den heiligen Nikolaus beigesteuert hat.

Andere Überlieferungen konnten die Historiker nicht beweisen – zum Beispiel, er sei unter dem Christenverfolger, Kaiser Diokletian, einge-

Weihnachtsmänner
(Foto Seite 32/33)
von Kindern entworfen

Das brauchen Sie für die großen Weihnachtsmänner:
Festen, groben Stoff, Plüschjersey oder Kunstpelz, Zeitungen, 1 Schuhkarton oder feste Pappe, festen Draht, Tapetenkleister, breiten Pinsel, Modelliermasse, Alleskleber, Bastelfarben in Weiß, Rot und Schwarz und 1 Pinsel zum Anmalen. Dickes, weißes Baumwollgarn oder Watte für Bart und Haare. Jute oder Leinen für den Sack.

So werden sie gemacht:
Der „Unterbau" besteht aus einem Schuhkarton (hochkant) oder einer Rolle aus fester Pappe. Beides oben leicht flachdrücken. Draht für die Arme daran befestigen und mit etwas geknülltem Zeitungspapier umwickeln. Stoff für den Mantel großzügig zuschneiden, Ärmel gleich mit anschneiden.
Stoffteile mit dem angerührten Kleister einstreichen und über den Unterbau drapieren. Geknülltes Zeitungspapier unterschieben, um die gewünschte Form zu bekommen; evtl. nach dem Trocknen entfernen. Der Halsausschnitt des Mantels wird als Stehkragen gearbeitet, damit später der Kopf darin hält. Arme in die entsprechende Stellung biegen. Alles trocknen lassen, zwischendurch kontrollieren, ob die Figur gut steht. Zeitungsstücke mit Tapetenkleister tränken. Aus dieser Pappmaché-Masse Kopf mit Hals und die Hände vorformen, trocknen lassen.
Modelliermasse nach Packungs-Anweisung anrühren und über die

vorgeformten Pappmaché-Teile modellieren. Dabei Hände und Gesicht herausarbeiten. Kopf in den Halsausschnitt kleben. Zipfelmütze wie den Mantel aus eingekleistertem Stoff anfertigen. Nach dem Trocknen alles mit Bastelfarben anmalen: Mantel und Mütze kräftig rot, Gesicht und Hände hellrosa. Augen und Mund aufmalen. Hände in die Ärmel kleben. An Mütze und Mantelkanten Plüsch aufkleben. Bart und Haare aus Baumwollgarn oder Watte ankleben. Säckchen aus Jute oder Leinen nähen, etwas ausstopfen und verzieren.
Die kleinen Weihnachtsmänner werden auf Sperrholz gezeichnet, ausgesägt, bemalt und mit einem gegengeklebten Holzkeil zum Stehen gebracht.

kerkert gewesen, oder er habe an wichtigen Kirchenversammlungen teilgenommen.
Nikolaus war im oströmischen Kaiserreich bald einer der populärsten Heiligen. Vermutlich ist es der griechischen Prinzessin Theophano, die 972 den deutschen Kaiser Otto II. heiratete, zu verdanken, daß Nikolaus auch bei uns so bekannt und beliebt wurde.
Seit ungefähr 800 Jahren ist der Tag des heiligen Nikolaus auch Tag der Kinder und Jugendlichen. Durch die Rettung der drei Knaben aus dem Pökelfaß war Nikolaus zum Patron der Schüler geworden. Arme Kinder bekamen an diesem Tag nun nützliche Gaben: Schuhe, Kleidung oder eine zusätzliche Essensration. Schüler durften am 6. Dezember das Regiment über die Erwachsenen führen und einen Knabenbischof wählen.
Viele Legenden über den Heiligen Nikolaus sind noch heute sehr lebendig. Der Mann, der als Nikolaus die Kinder besucht, trägt oft die Attribute eines Bischofs: den prachtvollen Ornat, die hohe goldene Mitra und den langen, schneckenförmig gebogenen Hirtenstab. Die andere Nikolaus-Version mit rotem, pelzbesetztem Mantel und Zipfelmütze (wie auf dem Foto links) erinnert an einen Wichtelmann. Sie ist ein ganz versteckter Hinweis auf den mildtätigen Nikolaus, der mit seinem Reichtum den armen Leute half. Denn Zwerge und Wichtel galten früher als Hüter von Schätzen. Dieser „weltliche" Nikolaus stand Pate für Santa Claus aus den USA, der weit oben im Norden wohnt und mit einem vollbepackten Rentierschlitten durch die Lande fährt.
In Frankreich, Holland und den USA wirft der Nikolaus Nüsse durch den Kamin – wie der Bischof, der in der Legende die Goldkugeln durchs Fenster geworfen hat. Aus diesen Kugeln sind irgendwann im Laufe der langen Überlieferung die typischen Nikolaus-Äpfel geworden.
Auf den Schutzheiligen der Seefahrer beziehen sich Schiffchen aus Marzipan oder Lebkuchenteig, die holländische Kinder zu „Sinterklaas" bekommen. In Bayern und in der Steiermark bastelten die Kinder früher kleine Papierschiffe, bemalten sie, schmückten sie mit Blumen und legten ein Gedicht hinein, damit der Nikolaus erfuhr, wie brav die Kleinen das Jahr hindurch gelernt hatten. Die Schiffchen wurden am Vorabend des 6. Dezember aufgestellt, damit der Nikolaus sie füllen konnte.
Eines ist überall gleich: Alle Gaben, die Nikolaus bringt – ob im Sack, in Papierschiffchen, Schuhen oder Strümpfen – erinnern an den Bischof, der seiner Gemeinde genügend Lebensmittel beschaffen konnte.

Statt Kerzen: Adventsmänner

Santa Claus, made in USA, ist immer für Überraschungen gut. Zum Beispiel als Knalleffekt an jedem Adventssonntag. Oder als Mitbringsel für fröhliche Freunde, die nicht mehr an den Weihnachtsmann glauben.

Viermal Santa Claus

Menge für 4 Figuren in doppelter Fotogröße:

300 g Honig
225 g Zucker
1 Teel. Hirschhornsalz
750 g Mehl
1 Pack. Lebkuchengewürz
3 Eier
Fett für das Blech
1 Eiweiß
200 g Puderzucker
Speisefarbe in Rot, Grün, Gelb
dunkle Kuvertüre
Zuckerperlen
Kokosraspel

1. Für den Teig Honig und Zucker erwärmen, bis der Zucker geschmolzen ist. Hirschhornsalz in einem Eßlöffel Wasser auflösen.
2. Mehl, Lebkuchengewürz, Eier und Hirschhornsalz in einer Schüssel mischen. Honig-Mischung zugeben und alles mit den Knethaken des Handrührgerätes zu einem Teig verkneten.
Mit einem feuchten Tuch bedeckt zwei Tage bei Zimmertemperatur ruhen lassen.
3. Für die Schablonen jeweils ein Stück Pergamentpapier auf die Bilder oben legen und nachzeichnen. Mit dem Kopierer auf die doppelte Größe bringen und auf Pappe übertragen. Für Sterne, Bart, Mütze, Stiefel und Arme extra Schablonen machen.
4. Teig in vier Portionen teilen und noch einmal kräftig durchkneten. Auf wenig Mehl etwa einen halben Zentimeter dick ausrollen.
5. Schablone auflegen und die Konturen mit dem Messerrücken markieren. Weihnachtsmänner ausschneiden. Einzelteile wie Mütze, Stiefel, Arme und Sterne zusätzlich durch eine zweite Teig-Schicht verstärken.
6. Figuren auf einem gefetteten, bemehlten Blech bei 175 Grad (Umluft 150 Grad, Gas Stufe 2) 20 bis 25 Min. backen. Auf dem Kuchengitter abkühlen lassen.
7. Zum Verzieren Eiweiß steif schlagen. Puderzucker unterrühren. Guß in mehrere Portionen teilen und mit Speisefarbe färben. Für die dunklen Flächen Kuvertüre schmelzen.
8. Weihnachtsmänner mit Kuvertüre und Guß „anziehen", Zuckerperlen als Verzierungen und Kokosraspel als Bärte aufkleben.

Nikolaussäcke
Sie brauchen Rupfen vom Meter, selbstklebende Sterne, Glanzbilder und Alleskleber, Stoffarben und Pinsel, Kordel oder Schleifenband zum Verschließen.
Die abgebildeten Säcke sind 60 x 45 cm, 50 x 38 cm und 35 x 25 cm groß.
Den Rupfen doppelt legen, so daß die Webkante den oberen Rand bildet; Sie müssen dann keinen Saum steppen. Die Säcke mit zwei Finger breitem Rand absteppen, Schnittkante mit Zickzackstich versäubern. Säcke umdrehen, bügeln und verzieren.
Beim Bemalen mit Stoffarben eine dicke Lage Zeitung in den Sack schieben.

Weihnachtlich geschmückte Säcke
(kleines Foto) mit aufgeklebten Tannenbäumchen und Schneeflocken aus Filz können Sie jedes Jahr wieder für die Bescherung am Heiligen Abend verwenden.

Was steckt im Nikolaussack?

Nur Gutes: Nüsse, Äpfel, Lebkuchen und Süßigkeiten. Früher manches, was die meisten Kinder heute gar nicht mehr kennen: Quittenwürstchen zum Beispiel, ein honigsüßes Konfekt aus dick eingekochtem Quittenmus. Was heute täglich im Obstteller liegt oder zu den üblichen Backzutaten gehört, war früher hochbegehrte, exotische Köstlichkeit: Orangen, Mandarinen, Feigen, Mandeln und Rosinen.

Seit dem 15. Jahrhundert machten die Bäcker spezielles Nikolausgebäck: Das „Klausenbrot" wurde aus dem damals teuren weißen Mehl und mit kostbarem Zucker gebacken. Bilderbrote und Brezeln, viele Jahrhunderte lang wichtiges Festtagsgebäck, kamen ebenfalls in den Sack. Der Nikolaus brachte auch Nützliches: Schulsachen, Kleidung und lehrreiche Bücher. Spannende Schmöker und schöne Bilderbücher, fürs Vergnügen der Kinder, gibt es erst seit hundert Jahren.

Eines aber steckte niemals im Sack: das ungezogene Kind. Der heilige Nikolaus als Patron, Freund und Fürsprecher der Kinder jagt ihnen keine Angst ein. Ein richtiger Nikolaus lobt und ermahnt, aber er straft nicht. Das übernehmen seine Begleiter: der Krampus, Klaubauf, Knecht Ruprecht oder andere finstere Gestalten. Ein besonders häßlicher Bursche ist der österreichische Krampus mit schwarzen Hörnern, roter Zunge und langem Schwanz. In der Hand hält er eine der Ofengabeln, mit denen man früher die Kohlen in den Ofen schob. Dieser schwarze Mann ist eine Anspielung auf den Teufel, der dem Heiligen dienen muß.

In bayerische Bürgerhäuser kam der Nikolaus meist mit dem Knecht Ruprecht, der sich um Gabensack und Rute zu kümmern hatte. Auf dem Land können ihn noch heute zwölf junge Burschen begleiten, die völlig mit Stroh umhüllt sind und wie übergroße Igel aussehen. Diese „Buttenmandl" packen die halbwüchsigen Jungen und Mädchen und versuchen, sie nach draußen in den Schnee zu werfen. Die kleinen Kinder dürfen sie nicht anrühren.

Dieser merkwürdige Brauch zeigt eines ganz deutlich: Die Gefährten des Heiligen traten ursprünglich nicht als Kinderschreck auf. Sie sollten wie „Thomsen" oder „Julbock" (Seite 28) in der Vorweihnachtszeit ganz handgreiflich daran erinnern, daß die Dorfgemeinschaft selbst auch ohne Obrigkeit für Recht und Ordnung sorgen konnte. Erst als im 17. Jahrhundert Weihnachten allmählich zum Fest der Kinder wurde, ließen sich die Eltern vom gütigen Nikolaus und vom schaurigen Krampus bei der Erziehung ihrer Kinder unterstützen.

Florian + Gabriele Langensch
STERN-
SCH
WÜ

Gestrickte Nikolausstrümpfe müssen Platz für vielerlei bieten. Die Strickanleitung für unsere drei Maxi-Exemplare finden Sie auf dem Bastelbogen.

Strümpfe zum Nikolaus

Ursprünglich steckte der Nikolaus seine Gaben in die Schuhe: Auf einem holländischen Gemälde zum Nikolausfest um 1667 sieht man ein weinendes Kind mit leerem Schuh. Die französische Dichterin George Sand erzählt, wie fest sie daran glaubte, „daß der liebe Weihnachtsmann um Mitternacht den Kaminschacht herunterkommen und ein Geschenk in meinen kleinen Schuh legen würde."

Der Grund für den Schuh als Hülle begehrter Geschenke ist vielleicht, daß Lederschuhe viele Jahrhunderte lang etwas ziemlich Kostbares waren. Nur wohlhabende Leute konnten sich ein Paar davon für jedes Familienmitglied leisten.

Es gab aber auch noch andere Behälter: Kleidungsstücke, Teller und sogar Strümpfe, die aus Holz oder Ton nachgebildet waren. Viele Kinder waren besonders brav und stellten zwei Gefäße auf: eines für die erwarteten Gaben und eines mit Hafer und Kohlblättern als Wegzehrung für das erschöpfte Pferd des heiligen Nikolaus.

Schließlich, mit steigendem Wohlstand, wurden die Gaben reichlicher, und die Kinder entdeckten, daß ihr Strumpf mehr faßte als der Schuh. Irgendwann waren Schuh und Strumpf dann gleichberechtigt. Und wurden immer größer.

Wie der Nikolaus zum Weihnachtsmann wurde

Vermutlich ist Martin Luther daran schuld. Der große Reformator mochte den Heiligenkult nicht, den die Katholiken betrieben. Er akzeptierte zwar den norddeutsch-niederländischen Brauch, daß der Nikolaus seine Gaben nachts brachte und dabei unsichtbar blieb. Doch den heiligen Bischof, der alle Jahre wieder persönlich auftauchte, die Kinder beschenkte und sehr verehrt wurde, konnte er nicht dulden. Deshalb hat er versucht, ihn durch den „lieben heiligen Christ" zu ersetzen. So ganz scheinen die Gläubigen die Absicht aber nicht begriffen zu haben. Denn der gabenbringende Christ, der in seinem nüchtern schneeweißen Gewand an einen strengen Engel erinnerte, verwandelte sich bald in das liebliche Christkindlein, das ausgerechnet katholische Kinder zu Weihnachten bescherte. Der Heilige Nikolaus aber wechselte auf wundersame Weise die Kleidung und bescherte als gemütlicher Weihnachtsmann die protestantischen Kinder. Mit den Protestanten ist er dann in die Neue Welt ausgewandert.

Zu Beginn unseres Jahrhunderts kehrte er zurück, nennt sich seither auch bei den Protestanten wieder Nikolaus und beschenkt kleine und große Kinder am 6. Dezember.

Übrigens haben die Kinder von Luther sehr profitiert: Ursprünglich gab's Geschenke nur zu Nikolaus. Das Christkind als weihnachtliche Konkurrenz konnte aber schlecht mit leeren Händen auftreten. So wurden aus einem Gabentisch zwei.

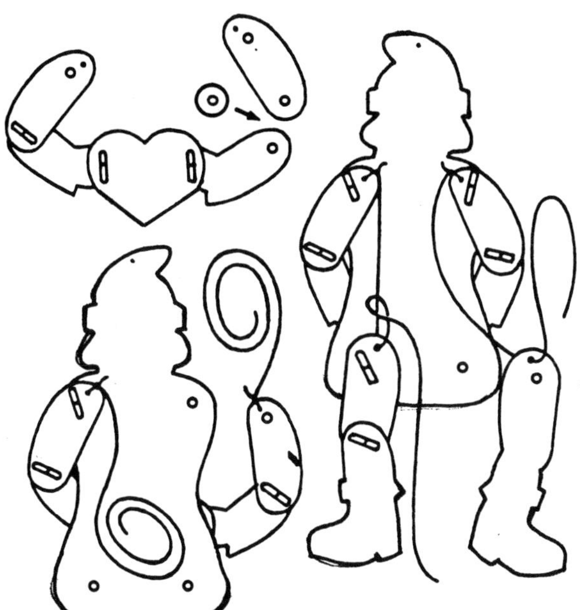

So sieht die Rückseite des Weihnachts-Hampelmanns aus.

Nikolaus als Hampelmann

Das brauchen Sie:
30 x 40 cm Sperrholz, 3 mm dick, 1 Rundstab (1,8 mm Ø), Kopierpapier, Laubsäge, feines Schleifpapier (120er), Handbohrer, weiße und bunte Plakatfarben und Klarlack, 7 Tütenklammern Größe 3 und 2 Tütenklammern Größe 4, 1 m dünne, feste Schnur, 2 Holzperlen.

So wird's gemacht:
Die einzelnen Teile des Hampelmanns finden Sie in Originalgröße auf dem Bastelbogen. Übertragen Sie alle Einzelteile mit Kopierpapier auf das Holz, und sägen Sie sie mit der Laubsäge aus. (Wie beides geht, steht auf Seite 158.) Kanten mit Schleifpapier glätten. Dann bohren Sie Löcher wie in den Zeichnungen angegeben: große (3,5 mm Ø) zum Verbinden der Einzelteile, kleine für die Zugfäden und die Schlaufe zum Aufhängen. Nun die Einzelteile mit weißer Plakafarbe grundieren, nach dem Trocknen alle Linien auf die grundierten Teile übertragen. Farbig ausmalen und mit Klarlack überziehen.

So werden die Einzelteile verbunden: Zunächst klammern Sie das Herz an den Händen fest. Schieben Sie stets beim Aufbiegen der Klammern ein geschlitztes Pappstück unter, damit genug Spielraum bleibt. Nun kommt ein kleines Problem: Die Oberarme werden später von hinten am Hampelmann befestigt, das Herz soll sich aber vor dem Körper bewegen. Das

Gewöhnliche Hampelmänner hampeln symmetrisch: Sie werfen beide Arme gleichzeitig hoch und immer beide Beine in die Luft. Unser Weihnachts-Hampelmann schafft es, mal das linke und mal das rechte Bein zu heben und den Lebkuchen so richtig ans Herz zu drücken. Sein Geheimnis: zwei Zugschnüre, für jede Hampelmann-Hälfte eine.

heißt, Sie müssen diesen Abstand, der zwei Holzstärken entspricht, überbrücken. Das geht mit Hilfe von Distanzscheiben – das sind gelochte, zwei Holzstärken dicke Rundholzabschnitte. Solche Distanzscheiben legen Sie an die beiden Ellenbogen zwischen Ober- und Unterarm. Zum Befestigen brauchen Sie an diesen Stellen die langen Tütenklammern. Dann werden in den kleinen Löchern in den Oberarmen die Schnurenden angeknotet. Befestigen Sie die Arme an den Schultern (Hände vor dem Körper, Oberarme auf der Rückseite), klammern Sie das Kniegelenk zusammen, und fädeln Sie die Schnüre so zusammen, wie auf der Zeichnung. Beim Verknoten müssen Arme und Beine in Ruhestellung liegen. Zum Schluß werden die Holzperlen an den Schnurenden gut verknotet, und die Schnur zum Aufhängen wird durch das Loch der Mütze gezogen.

Variation zum Thema:
Den Nikolaus können Sie auch aus stabiler Pappe anfertigen und aufhängen oder Sie verschicken ihn als originelle Weihnachtskarte: alle Einzelteile mit Schnur und Klammern in einen großen Umschlag stecken, den Weihnachtsgruß auf das Lebkuchenherz schreiben und eine Anleitung fürs Zusammenfügen beilegen.

Nikolausäpfel aus dem Ofen

Bratäpfel passen besonders gut zum 6. Dezember: saftig gefüllt, mal kernig mit Flocken und Dörrobst, mal edel mit Marzipan in zarter Teighülle, mal fruchtig mit Preiselbeeren.

Bratäpfel mit Müslifüllung

FÜR 4 PORTIONEN

4 große säuerliche Äpfel,
6 entsteinte Trockenpflaumen,
4 getrocknete Aprikosen,
2 Eßl. Rosinen,
3 Eßl. Cornflakes,
3 Eßl. kernige Haferflocken,
50 g Butter oder Margarine,
3 Eßl. brauner Zucker,
1/2 Teel. gemahlener Kardamom,
3 Eßl. Honig.

1. Äpfel waschen und abtrocknen. Kerngehäuse mit einem Ausstecher entfernen, dabei die Äpfel nicht ganz durchstechen, damit sie unten geschlossen sind. Öffnung mit einem kleinen spitzen Messer vergrößern. Herausgeschnittenes Apfelfleisch hacken.

2. Trockenobst ebenfalls hacken, mit Apfelstücken, Rosinen, Cornflakes, Haferflocken, 40 Gramm zerlassenem Fett, zwei Eßlöffel Zucker und Kardamom mischen.

3. Äpfel nebeneinander in eine ofenfeste Form setzen und mit der Mischung füllen. Restliches Fett in Stückchen teilen und auf die Äpfel geben, mit restlichem Zucker bestreuen. In den kalten Backofen (mittlere Schiene) schieben und bei 200 Grad (Umluft 180 Grad, Gas Stufe 3) 30 bis 35 Minuten backen. Mit Honig beträufeln und heiß servieren. Dazu paßt Schlagsahne.

Bratäpfel im Kleid

(rechts oben)

FÜR 4 PORTIONEN

Teig:
250 g Mehl,
1 Eßl. Zucker,
125 g Butter oder Margarine,
4 mittelgroße säuerliche Äpfel,
2 Eßl. Zitronensaft;
Füllung:
150 g Kokosraspel,
125 g Marzipanrohmasse,
1 Eßl. Rum oder Orangensaft;
Mehl für die Arbeitsfläche,
1 Ei,
2 Eßl. Puderzucker.

1. Mehl, Zucker, weiches Fett und etwa sechs Eßlöffel kaltes Wasser zu einem glatten Teig verkneten, der nicht klebt. In Folie gewickelt 30 Minuten kühlen.

2. Äpfel schälen, Kerngehäuse ausstechen, Äpfel in kaltes Wasser mit Zitronensaft legen, damit sie sich nicht verfärben. Kokosraspel mit Marzipan und Rum oder Saft verkneten.

3. Teig in vier Portionen teilen. Jede Portion auf wenig Mehl zu doppelter Apfelgröße ausrollen. Trockengetupfte Äpfel mit der Marzipanmasse füllen und in die Mitte der Teigplatten setzen. Ei trennen. Äpfel rundherum mit Eiweiß bestreichen. Teig über den Äpfeln zusammenklappen und mit Küchengarn wie ein Säckchen zusammenbinden.

4. Äpfel auf ein gefettetes Backblech setzen und mit Eigelb bestreichen. In den kalten Backofen (untere Schiene) schieben und bei 200 Grad (Umluft 180 Grad, Gas Stufe 3) etwa 40 Minuten backen. Mit Puderzucker bestreuen und heiß servieren. Dazu paßt Schlagsahne oder Vanilleeis.

Bratäpfel mit Baiserhaube

(links unten)

FÜR 4 PORTIONEN

4 große säuerliche Äpfel,
120 g italienische Mandelmakronen (Amaretti) oder Suppenmakronen,
3 Eßl. Mandellikör oder Orangensaft,
40 g Butter,
2 Eßl. Zucker,
50 g abgetropftes Preiselbeerkompott,
2 Eiweiß,
100 g Puderzucker,
1 Eßl. Mandelblättchen.

1. Backofen auf 200 Grad (Umluft 180 Grad, Gas Stufe 3) vorheizen. Gewaschene Äpfel längs halbieren, Kerngehäuse entfernen, Makronen zerbröckeln, mit Likör oder Saft, zerlassener Butter, Zucker und Preiselbeerkompott mischen.

2. Äpfel nebeneinander in eine ofenfeste Form setzen und mit der Mischung füllen.

3. Eiweiß halb steif schlagen, Zucker langsam zugeben und weiter schlagen, bis der Schnee fest ist. Auf den Äpfeln verteilen und mit Mandelblättchen bestreuen.

4. Äpfel in den heißen Backofen (untere Schiene) schieben und etwa 25 Minuten backen. Heiß servieren.

24

3. KAPITEL

Backen

Bilder backen

Christbaum-Kekse
(Foto Seite 46/47)

240 g Schlagsahne,
300 g brauner Zucker,
350 g Zuckerrübensirup,
1 Eßl. Ingwerpulver,
1 Eßl. abgeriebene, unbeh. Zitronenschale,
ca. 700 g Mehl,
2 Eßl. Backpulver,
Mehl zum Ausrollen.

1. Sahne schlagen, Zucker, Sirup, Ingwer und Zitronenschale untermischen.
2. Zuerst acht Tassen Mehl mit Backpulver vermischt zugeben und mit den Händen zu einem glatten Teig kneten, der nicht klebt. Eventuell das restliche Mehl nach und nach unterkneten.
3. Teig über Nacht an einem kühlen Platz ruhen lassen.
4. Portionsweise auf wenig Mehl ausrollen und zu beliebigen Formen ausstechen oder schneiden. Die Löcher und Ösen zum Aufhängen nicht vergessen!
5. Bei 170 Grad (Umluft 150 Grad, Gas Stufe 2) etwa 20 Minuten backen. Das Gebäck zum Essen in einer Blechdose mit einem halbierten Apfel weich werden, als Baumschmuck an der Luft trocknen lassen.

Auch unsere Vorfahren mochten Verzierungen: Die Kerben in den ältesten Broten, die wir kennen, waren oft als richtige Muster angeordnet, obwohl sie eigentlich nur das Brechen der harten Fladen erleichtern sollten. Später, als die Frauen Sauerteig und Hefe entdeckt hatten, konnten sie Gebäck wie Ton modellieren. Anregungen fanden sie genug: Sonne, Mond und Sterne, die am Himmel standen, Menschen und Tiere, mit denen sie lebten, Blumen, die sie pflückten. Das Herz, das ihnen weh tat, wenn sie sich verliebt hatten. Die gedrehte Gürtelschnalle, die sie so gerne trugen, oder den verzierten Schwertknauf ihres Mannes. Die eigenen Haarschnecken über den Ohren oder den langen Zopf der Nachbarin.
Viele dieser Gebildbrote haben vermutlich eine Bedeutung. Der Zopf zum Beispiel soll früher mal Grabbeigabe gewesen sein. Vielleicht, weil unsere Haare im Volksglauben etwas ganz Besonderes sind: In ihnen soll die Lebenskraft des Menschen sitzen, die sexuelle Potenz des Mannes und die erotische Anziehungskraft der Frau. Das Alte Testament erzählt von Samson, der seine übermenschliche Kraft verlor, als Delilah ihm die Haare abgeschnitten hatte.
Die Brezel – etwa seit dem 5. Jahrhundert nach Christus bekannt – galt im Mittelalter als Symbol der Reinheit, weil sie ohne Sauerteig aus weißem Mehl gebacken wird. Ihre Form erinnert an ein geschlungenes Seil und stellt vielleicht die Fesselung Christi dar. Anderes Bildergebäck wie Springerle, Spekulatius, Frankfurter Brenten oder viele Lebkuchen spricht für sich. Ein Blick genügt: Im fertigen Gebäck drückt sich das Motiv ab, das ins Model eingeschnitten ist – Ornamente oder Blumen, Tiere oder Menschen. Der Spekulatius verdankt diesem Bild sogar seinen Namen: Früher zeigten die Model dieses typischen Nikolausgebäcks immer das Bild – das „speculum" – eines Bischofs. Darin erkannten die Leute natürlich ihren liebsten Bischof, den Heiligen Nikolaus. Die Niederländer nannten ihn „Speculaas", und die Deutschen blieben bei „Spekulatius", obwohl diese Kekse heute alle möglichen Bilder tragen.
Viele Jahrhunderte lang war Modelgebäck übrigens nicht zum Aufessen, sondern zum Aufheben bestimmt. Wie Künstler ihre Holzschnitte, schufen Modelstecher ihr Kunsthandwerk: Sie arbeiteten für die Bäcker, fertigten aber auch Siegel und Petschaften an, schnitten Prägestempel für Münzen und Formen für Ofenkacheln. Gebäck aus dem Model wurde bunt bemalt und teuer verkauft. Erst seit Schwäbische Springerle und Nürnberger Eierzucker, Frankfurter Brenten und Spekulatius in der Fabrik hergestellt werden, kann jeder sie kaufen.

Stutenkerle

FÜR 2 FIGUREN

750 g Mehl,
1 1/2 Päckchen Trockenhefe,
300 ccm Milch,
100 g Zucker,
70 g Butter,
1 Prise Salz,
1 unbehandelte Zitrone,
1 Ei,
Mehl zum Formen,
1 Handvoll Rosinen,
Fett für das Blech,
1 Eigelb.

1. Mehl, Hefe, lauwarme Milch, Zucker, weiche Butter, Salz, abgeriebene Zitronenschale und zimmerwarmes Ei zu einem Hefeteig verkneten. Zugedeckt gehen lassen, bis sich das Teigvolumen verdoppelt hat.

2. Teig auf Mehl kräftig durchkneten und in vier Portionen teilen. Aus den Teigstücken Kugeln für die Köpfe und Rollen für die Körper formen. Arme und Beine modellieren. Mund, Haare, Nasen, Gürtel und Schleifen aus Teigresten auf den Körpern festdrücken. Rosinen als Augen und Knöpfe eindrücken.

3. Figuren auf gefettete Backbleche legen. Eigelb mit einem Eßlöffel Wasser verrühren und die Stutenkerle damit bestreichen. In den kalten Backofen schieben (mittlere Schiene) und bei 180 Grad (Umluft 160 Grad, Gas Stufe 2) 20 – 30 Minuten backen.

Spekulatius

Für 50 Stück

250 g Mehl,
1 Messerspitze Hirschhornsalz,
125 g Zucker,
50 g abgezogene gemahlene Mandeln,
1 Prise Salz,
1 Teel. Zimtpulver,
je 1/4 Teel. gemahlener Kardamom und gemahlene Nelken,
1 Ei,
100 g Butter oder Margarine,
Mehl zum Ausrollen,
Fett für's Blech.

1. Mehl mit Hirschhornsalz, Zucker, Mandeln und allen Gewürzen mischen. Ei und weiches Fett zugeben. Mit den Knethaken des Handrührgerätes vermischen und mit den Händen zu einem glatten Teig verkneten. In Pergamentpapier gewickelt eine Stunde kühlen.

2. Teig portionsweise ins bemehlte Gebäck-Model drücken oder auf Mehl ausrollen und zu beliebigen Formen ausstechen.

3. Spekulatius auf gefettete Backbleche legen und bei 180 Grad (Umluft 160 Grad, Gas Stufe 2) 15 – 20 Minuten backen, bis sie leicht gebräunt sind.

Schon im 15. Jahrhundert berühmt

Nürnberger Lebkuchen war schon im Mittelalter wegen seines Geschmacks hochbegehrt. Anders als die festen Honiglebkuchen aus dem Model bestanden sie aus einer herrlich lockeren Mischung von Eiern, Mandeln und Gewürzen. König der Nürnberger Lebkuchen ist der Elisenlebkuchen, nach der Überlieferung aus einem Trauerfall entstanden: Ein Lebkuchenbäcker soll ihn zum Gedenken an seine verstorbene Tochter Elise erfunden haben.

Nürnberger Elisenlebkuchen

FÜR 25 STÜCK

4 Eier,
140 g Puderzucker,
1 unbehandelte Zitrone,
1 Prise Salz,
je 1 Teel. Zimtpulver und Lebkuchengewürz,
150 g gewürfeltes Zitronat,
125 g gewürfeltes Orangeat,
je 175 g gemahlene Mandeln und Haselnußkerne,
25 Backoblaten,
200 g Kuvertüre.

1. Eier und Puderzucker in einer Schüssel mit den Quirlen des Handrührgerätes zu einer dicken Creme aufschlagen.

2. Abgeriebene Zitronenschale, Salz, Zimt, Lebkuchengewürz, Zitronat, Orangeat, Mandeln und Nüsse mit einem Kochlöffel daruntermischen.

3. Teig auf Backoblaten streichen und auf Backbleche legen. Bei 160 Grad (Umluft 140 Grad, Gas Stufe 2) 20 – 30 Minuten backen. Abgekühlt mit Kuvertüre überziehen.

Englisches Früchtebrot

(Foto unten)

FÜR 15 SCHEIBEN

100 g Haselnußkerne,
je 50 g Paranußkerne und abgezogene Mandeln,
100 g getrocknete Kurpflaumen,
je 50 g getrocknete Datteln und Feigen,
1 unbehandelte Zitrone,
3 Eier,
3 Eßl. Weinbrand oder Wasser,
125 g Zucker,
250 g Rosinen,
je 50 g gewürfeltes Zitronat und Orangeat,
125 g Mehl,
2 Teel. Backpulver,
1 Teel. Zimtpulver,
1 Messerspitze geriebene Muskatnuß,
Fett für die Form.

1. Nüsse, Mandeln und entkerntes Trockenobst grob hacken. Zitrone waschen und abtrocknen. Schale mit einem Sparschäler dünn abschneiden und fein hacken.

2. Eier, Weinbrand und Zucker mit den Quirlen des Handrührgerätes zu einer dicken Creme aufschlagen. Nüsse, Trockenobst, Zitronenschale, Rosinen, Zitronat und Orangeat mit einem Kochlöffel untermischen. Mehl mit Backpulver und Gewürzen mischen und ebenfalls unterrühren.

3. Teig in eine gefettete Kastenform von 30 Zentimeter Länge füllen. Form in den kalten Backofen (untere Schiene) stellen. Ofen auf 170 Grad (Umluft 150 Grad, Gas Stufe 2) schalten. Früchtebrot etwa eine Stunde backen. Nach 40 Minuten eventuell mit Pergamentpapier abdecken, damit es nicht zu dunkel wird.

4. Brot in der Form zehn Minuten ruhen lassen und zum Abkühlen auf ein Kuchengitter stürzen.

In England heißt das Früchtebrot „Twelfth-Night-Cake", weil man es in den zwölf Nächten zwischen 24. Dezember und 6. Januar ißt. Zum Dreikönigstag wird es mit Zuckerguß und Krönchen aus Goldpapier verziert.

Berner Schokoladen-kuchen

FÜR 55 STÜCKE

250 g Zartbitter-Schokolade,
125 g Butter oder Margarine,
5 Eier,
250 g Zucker,
1 Prise Salz,
30 g Mehl,
100 g abgezogene gemahlene Mandeln,
Fett für die Form,
50 g weiße Kuvertüre.

1. Schokolade zerbröckeln und im Wasserbad schmelzen. 100 ccm heißes Wasser und das weiche Fett unterrühren und etwas abkühlen lassen.

2. Eier trennen. Eigelb und Zucker mit den Quirlen des Handrührgerätes zu einer dicken, schaumigen Creme aufschlagen. Die Schokoladenmischung eßlöffelweise unterrühren.

3. Eiweiß mit Salz steif schlagen und auf die Schokoladencreme geben. Mehl mit Mandeln mischen und darüberstreuen. Alles mit einem Kochlöffel vermischen.

4. Den Boden einer Springform von 28 cm Ø oder einer ofenfesten Form von etwa 24 mal 30 cm fetten und mit Pergamentpapier auslegen. Teig darin glattstreichen.

5. Form in den kalten Backofen (mittlere Schiene) stellen. Ofen auf 170 Grad (Umluft 150 Grad, Gas Stufe 2) schalten. Kuchen etwa eine Stunde und zehn Minuten backen. Nach der Hälfte der Backzeit mit Pergamentpapier abdecken, sonst wird der Kuchen zu dunkel.

6. Schokoladenkuchen in der Form 15 Minuten abkühlen lassen. In Rauten, Dreiecke oder Quadrate schneiden und herauslösen. Kuvertüre im Wasserbad schmelzen und die Kuchenstücke damit verzieren.

Nicht nur zur Weihnachtszeit

So berühmte Weihnachtskekse wie Vanillekipferl, Engels-Augen, Zimtkugeln und Zimtsterne gibt es seit etwa 100 Jahren. Denn damals kam der englische Fünf-Uhr-Tee in Mode, mit zartem, knusprigem Gebäck, das den herben Tee ergänzte. Es wurde dann typisch für Weihnachten.

Vanillekipferl

(Foto oben)

FÜR 100 STÜCK

200 g Butter,
70 g Zucker,
100 g ungeschälte, gemahlene Mandeln,
250 g Mehl,
1 Prise Salz,
1 Eßl. Milch,
50 g Puderzucker,
2 Eßl. Vanillezucker,
Mehl zum Ausrollen,
Fett für das Blech.

1. Butter und Zucker schaumig rühren, bis alles elfenbeinfarben und locker ist. Mandeln, Mehl und Salz vermischen und mit der Milch darunterrühren.
2. Teig in Folie gewickelt 30 Minuten kühlen. Puderzucker mit Vanillezucker auf einem Teller mischen.
3. Teig auf wenig Mehl zu einer etwa 4 cm dicken Rolle formen. Rolle in etwa 1 cm dicke Scheiben schneiden. Scheiben zu kleinen „Würstchen" rollen, dann zu Hörnchen („Kipferl") biegen und nebeneinander auf gefettete Backbleche legen.
4. Bei 200 Grad (Umluft 180 Grad, Gas Stufe 3) 15 – 20 Minuten backen, bis sie leicht gebräunt sind.
5. Hörnchen heiß vom Blech lösen und sofort im Vanillezucker wälzen.

Zimtkugeln

(Foto unten)

FÜR 45 STÜCK

3 Eiweiß,
250 g Puderzucker,
1 Päckchen Vanillezucker,
1 Teel. Zimtpulver,
300 g gemahlene Haselnußkerne,
Fett für das Blech,
ganze Haselnußkerne zum Verzieren.

1. Eiweiß mit den Quirlen des Handrührgerätes halbsteif schlagen. Puderzucker und Vanillezucker zugeben und weiterschlagen, bis der Schnee glänzt und fest, aber noch elastisch ist.
2. Eine halbe Tasse Eischnee zum Bestreichen der Kugeln abnehmen, den Rest mit Zimt und Haselnüssen mischen.
3. Diesen Teig mit zwei Teelöffeln in walnußgroßen Kugeln auf gefettete Backbleche setzen. Kugeln mit Eiweißmasse bestreichen und mit Haselnußkernen belegen.
4. Zimtkugeln in den kalten Backofen (mittlere Schiene) schieben und bei 130 Grad (Gas Stufe 1) etwa 20 Min. backen. Ablösen und auf einem Kuchengitter abkühlen lassen.

Engels-Augen

FÜR 60 STÜCK

70 g Butter oder Margarine,
60 g Butterschmalz,
60 g Zucker,
1/4 unbehandelte Zitrone,
1 Ei,
180 g Mehl,
25 g sehr feines Paniermehl,
Fett und Mehl für das Blech,
etwa 75 g Johannisbeergelee oder Aprikosenkonfitüre.

1. Weiches Fett und Zucker mit den Quirlen des Handrührgerätes schaumig rühren. Abgeriebene Zitronenschale und Ei untermischen. Mehl und Paniermehl mischen und unter den Teig rühren.

2. Teig zu kleinen Kugeln formen und auf ein gefettetes, mit Mehl bestäubtes Backblech legen. In die Mitte der Teigkugeln mit einem Kochlöffelstiel kleine Mulden drücken und mit dem Johannisbeergelee oder der Aprikosenkonfitüre füllen.

3. Engels-Augen bei 200 Grad (Umluft 180 Grad, Gas Stufe 4) in etwa 20 Minuten goldbraun backen.

4. Herausnehmen, sofort vom Blech lösen und zum Abkühlen auf ein Kuchengitter geben.

Schächtelchen für's Haremskonfekt

Königsberger Marzipan

FÜR 50 STÜCK

400 g Marzipanrohmasse,
150 g Puderzucker,
1/2-1 Eßl. Orangenlikör oder Orangensaft,
1 Ei,
1-2 Eßl. Rosenwasser oder Orangensaft,
Belegkirschen zum Verzieren.

1. Backofen auf 200 Grad (Umluft 180 Grad, Gas Stufe 3) vorheizen.
2. Marzipanrohmasse mit 125 g Puderzucker und Likör oder Saft verkneten. Portionsweise zwischen Klarsichtfolie 1 cm dick ausrollen und zu Herzen und Kreisen ausstechen.
3. Auf ein mit Pergamentpapier belegtes Backblech legen. Restliches Marzipan zu dünnen Rollen formen. Ei trennen, Röllchen mit Eiweiß auf die ausgestochenen Formen kleben. Mit einem Zahnstocher festdrücken und dabei Rillen einkerben. Die Ränder mit Eigelb bestreichen.
4. Blech in den Ofen (mittlere Schiene) schieben. Marzipan etwa vier Minuten backen, bis es an den Rändern leicht gebräunt ist. Ganz abkühlen lassen, dann vom Papier lösen.
5. Restlichen Puderzucker mit Rosenwasser oder Saft zu einer zähflüssigen Masse verrühren. In die Mitte der Konfektstücke geben und jeweils eine Belegkirsche daraufsetzen. Puderzuckerglasur trocknen lassen.

Vor etwa 1000 Jahren kam das Marzipan aus dem Orient nach Europa. Damals und noch viele Jahrhunderte später war die süße Köstlichkeit für die Reichen und Edlen bestimmt: Eine Süßigkeit aus so exotischen Zutaten wie gestoßenen Mandeln, hauchfein gemahlenem Zucker und duftendem Rosenwasser konnten sich gewöhnliche Sterbliche nicht leisten. Selbst der Name des Konfekts kommt von den klingenden Münzen, die es einst wert war: Aus dem ursprünglichen „Mauthaban“, einem byzantinischen Geldstück, machten venezianische Händler „Mataban". Die kleinen Schachteln, in denen das „Haremskonfekt” verpackt war, nannten die Leute „Mazaban“. Daraus ist unser Wort Marzipan entstanden.

In Norddeutschland ist Marzipan typisch für Weihnachten: entweder das helle, zierliche Königsberger Konfekt oder das dunkle Lübecker mit Schokoladenguß. Dessen Laib soll an ein Brot erinnern, und in manchen Familien steht der erste feierliche Anschnitt noch heute dem Herrn des Hauses zu.

Gefüllte Herzen

FÜR 40 STÜCK

125 g Mehl,
50 g ungesalzene, gemahlene Pistazienkerne,
50 g Puderzucker,
100 g Butter oder Margarine,
Mehl zum Ausrollen,
Fett für das Blech,
3 Eßl. Zitronengelee,
2 Eßl. Puderzucker,
2 Teel. Johannisbeergelee,
einige Tropfen Zitronensaft,
20 ungesalzene Pistazienkerne.

1. Mehl, Pistazien, Puderzucker und weiches Fett mit den Knethaken des Handrührgerätes vermischen und mit den Händen zu einem glatten Teig verkneten. In Pergamentpapier gewickelt zwei Stunden kühlen.
2. Teig portionsweise auf Mehl etwa messerrückendick ausrollen und kleine Herzen ausstechen.
3. Herzen auf gefettete Backbleche legen und bei 200 Grad (Umluft 180 Grad, Gas Stufe 3) 10 bis 15 Minuten backen. Vom Blech lösen und abkühlen lassen.
4. Das Zitronengelee glattrühren und die Hälfte der Herzen damit bestreichen. Die restlichen Herzen darauf legen und leicht andrücken.
5. Für den Guß Puderzucker und Johannisbeergelee mit Zitronensaft verrühren. Herzen damit bestreichen und mit je einem halbierten Pistazienkern belegen. Trocknen lassen.

Hausfrauen-Stolz

Bis um die Mitte des vorigen Jahrhunderts kauften die Frauen Weihnachtsgebäck beim Bäcker. Dann begannen sie, Weihnachtskekse und Konfekt selber zu machen: Der Hausfrauen-Fleiß zum Wohl der „Lieben" galt nun als bürgerliche Tugend.

Schokoladenbrote

FÜR 90 STÜCK

150 g Blockschokolade,
150 g Haselnußkerne,
200 g Mehl,
150 g Butter oder Margarine,
100 g Zucker,
1 Ei,
Fett für's Blech,
400 g helle Kuvertüre,
150 g Borkenschokolade.

1. Blockschokolade und Nüsse im Blitzhacker fein zerkleinern. Mit dem Mehl mischen.
2. Weiches Fett mit Zucker und Ei schaumig rühren. Mehlmischung unterkneten. Teig zu Rollen formen und zwei Stunden kühlen.
3. Rollen in etwa einen halben Zentimeter dicke Scheiben schneiden und auf gefettete Backbleche legen. In den kalten Backofen schieben und bei 200 Grad (Umluft 180 Grad, Gas Stufe 3) 15 bis 20 Minuten backen. Heiß ablösen und erkalten lassen.
4. Kuvertüre im Wasserbad schmelzen. Kekse damit bestreichen. Zerbröckelte Borkenschokolade auf die flüssige Kuvertüre streuen.

Pfefferkuchen

FÜR 150 STÜCK

400 g Zuckerrübensirup,
100 g Zucker,
100 g Butter oder Margarine,
1 Teel. Schweineschmalz,
10 g Pottasche,
1 Eßl. Orangensaft,
je 50 g Zitronat und Orangeat,
500 g Mehl,
1 Teel. Zimtpulver,
1/4 Teel. Nelkenpulver,
abgeriebene Zitronenschale,
50 g gehackte Mandeln,
Mehl zum Ausrollen,
Fett für das Blech,
Mandeln zum Verzieren.

1. Sirup, Zucker und Fett erwärmen, bis das Fett zerlaufen ist. Pottasche im Orangensaft auflösen.

2. Zitronat und Orangeat fein zerkleinern. Mit Mehl, Gewürzen, Zitronenschale, Mandeln, Sirup und Pottasche verkneten.

3. Teig vier Tage gut zugedeckt bei Zimmertemperatur ruhen lassen. Dabei immer wieder durchkneten.

4. Teig auf Mehl messerrückendick ausrollen, ausstechen und mit halbierten Mandeln verzieren. Pfefferkuchen auf gefettete, mit Mehl bestäubte Backbleche legen. Bei 200 Grad (Umluft 180, Gas Stufe 3) 10 bis 15 Minuten backen. Heiß ablösen und auf einem Küchengitter abkühlen lassen. Zum Aufbewahren mit einem halbierten Apfel in eine Blechdose legen.

Stollen-Geheimnis

Manche meinen, der Stollen symbolisiere das in weiße Windeln gewickelte Christkind. Andere sagen, der Stollen sei länglich geformt und mit einer so dicken weißen Puderzuckerschicht bestreut, damit er länger frisch bleibt. Der nüchterne Name würde dafür sprechen: „Stollen" heißt einfach „Pfosten" oder „Stützbalken".

Christstollen

FÜR 30 STÜCKE

750 g Mehl,
60 g Hefe,
1/4 l Milch,
130 g Zucker,
300 g Butter,
1 Päckchen Vanillezucker,
1 Teel. Salz,
1 unbehandelte Zitrone,
2 Eigelb,
je 100 g gehacktes Zitronat und Orangeat,
100 g Korinthen,
2 Eßl. Rum oder Orangensaft,
Mehl für die Arbeitsfläche,
100 g Mandelstifte,
Fett für das Blech,
75 g Butter zum Bestreichen,
200 g Puderzucker zum Bestreuen.

1. Mehl in eine Schüssel geben. In die Mitte eine Mulde drücken. Zerbröckelte Hefe darin mit vier Eßlöffel lauwarmer Milch, zwei Teelöffel Zucker und etwas Mehl vom Rand verrühren, bis sie sich aufgelöst hat. Vorteig zugedeckt bei Zimmertemperatur 15 Minuten ruhen lassen, bis er sichtbar aufgegangen ist.

2. Inzwischen Butter in der restlichen Milch zerlaufen lassen. Vorteig mit dem gesamten Mehl verrühren. Milch-Butter-Mischung, restlichen Zucker, Vanillezucker, Salz, abgeriebene Zitronenschale und zimmerwarmes Eigelb hinzufügen. Alles etwa 10 Minuten kneten, bis der Teig Blasen wirft.

3. Teig zugedeckt in einem kühlen Raum 12 Stunden gehenlassen, bis sich sein Volumen verdoppelt hat. Zitronat, Orangeat und Korinthen mit dem Rum vermischt ziehen lassen, bis der Teig aufgegangen ist.

4. Arbeitsfläche mit Mehl bestäuben. Teig darauf einige Male kräftig durchkneten. Zitronatmischung und Mandelstifte daraufstreuen und rasch unterkneten. Teig zugedeckt bei Zimmertemperatur weitere 20 Minuten gehenlassen.

5. Teig zu einem langen Wecken formen. Der Länge nach mit der Nudelrolle in der Mitte etwa zwei Finger dick ausrollen, so daß der Wecken nun zwei Wülste bildet, die miteinander verbunden sind. Den einen Wulst halb über den anderen klappen und leicht andrücken.

6. Stollen auf ein gefettetes Backblech legen und weitere 30 Minuten ruhen lassen. Bei 180 Grad (Umluft 160 Grad, Gas Stufe 3) etwa eineinhalb Stunden backen.

7. Butter zerlassen, heißen Stollen damit bestreichen. Puderzucker darübersieben.

Wärme für die Christnacht

Die Christnacht ist eine lange Nacht: Kinder dürfen aufbleiben, so lange sie wollen, Erwachsene gehen um Mitternacht in die Mette, sitzen danach oft noch bei einem Glas Wein zusammen. Früher, als die Wege zur Kirche lang und die Winternächte klirrend kalt waren, mußte das Feuer im Kamin bis zum Morgen glimmen. Nur ein besonders dickes Holzscheit konnte genügend Wärme spenden. Dieses Scheit hatte einen besonderen Namen: „ceppo di natale" hieß es im Tessin, „bûche de Noël" in Frankreich und in der französischen Schweiz.
Irgendwann, vermutlich um die Jahrhundertwende, ließ sich irgend jemand – ob Frau oder Mann ist nicht überliefert – von dem Weihnachtsklotz kulinarisch inspirieren und erfand Frankreichs wunderbares Festtagsgebäck: eine zarte Biskuitrolle, gefüllt mit Schokoladenbuttercreme, geformt wie ein Ast und verziert mit Cremestreifen, die wie Baumrinde aussehen müssen.
Je nach Region gibt es in Frankreich noch andere Weihnachtsspezialitäten: Waffeln, Buchweizencrêpes oder Äpfel im Schlafrock. Doch keine wurde international so berühmt wie der „Bûche de Noël".

Bûche de Noël

FÜR 15 STÜCKE

Für den Teig:
4 Eier,
60 g Zucker,
2 Eigelb,
100 g Mehl,
Fett und Pergamentpapier für das Blech;
für die Creme:
140 g Zartbitter-Schokolade,
250 g Butter,
6 Eier,
150 g Puderzucker.

1. Eier trennen. Eiweiß und 1 Eßlöffel Wasser mit den Quirlen des Handrührgerätes steif schlagen. Zucker unterschlagen. Bei niedrigster Schaltstufe alle 6 Eigelb nacheinander unter den Eischnee rühren. Mehl daraufsieben und unterziehen.
2. Backblech mit gefettetem Pergamentpapier auslegen, Teig darauf glattstreichen. Blech in den kalten Backofen (mittlere Schiene) schieben. Biskuitplatte bei 180 Grad (Umluft 160 Grad, Gas Stufe 2) 20 Minuten backen.
3. Herausnehmen und heiß mit dem Papier nach oben auf ein feuchtes Küchentuch stürzen. Ein zweites Küchentuch unter kaltes Wasser halten, gut auswringen, die Platte damit bedecken und erkalten lassen.
4. Inzwischen Schokolade schmelzen und lauwarm abkühlen lassen. Weiche Butter schaumig rühren, Schokolade eßlöffelweise untermischen.
5. Eier und Puderzucker über dem Wasserbad zu einer dicken Creme aufschlagen und eßlöffelweise unter die Schokoladenbutter mischen.
6. Das Pergamentpapier von der Biskuitplatte abziehen, die Platte mit der Hälfte der Creme bestreichen und aufrollen. Eine Stunde kühlen. Die Creme ebenfalls in den Kühlschrank stellen.
7. Etwa ein Drittel der Rolle schräg abschneiden und wie einen „Ast" an den „Stamm" legen. Die restliche Creme in einen Spritzbeutel füllen und den Bûche de Noël verzieren.

Kletzen- oder Birnbrot ist nach den Hauptzutaten benannt. Das sind Schwarzbrotteig und getrocknete Birnen, die in Süddeutschland und Österreich auch Kletzen oder Hutzeln heißen. Im Laufe der Zeit verfeinerten die Hausfrauen das einfache Brot mit Nüssen, Mandeln, einem tüchtigen Schuß Schnaps und anderen Trockenfrüchten wie Zwetschen, Feigen, Rosinen und sogar exotischen Datteln. Denn das Brot mußte was besonders Gutes sein: Der Gastwirt setzte seinem Stammgast ein Stück davon vor, und die Bauern bewirteten damit Freunde, Verwandte und Bekannte, die zwischen Weihnachten und Neujahr zu Besuch kamen.

Kletzenbrot

FÜR 60 STÜCKE

1 kg gemischtes Trockenobst,
100 g frische Datteln,
250 g Haselnußkerne,
250 g Zitronat und Orangeat gemischt,
50 g Rosinen,
1/8 l Kirschwasser,
1 EL Zimtpulver,
2 TL gemahlenes Piment,
2 TL Anissamen,
200 g Zucker,
1,2 kg Schwarzbrotteig (vom Bäcker oder aus Backmischung),
Mehl für die Arbeitsfläche,
Fett und Mehl für das Blech,
Milch zum Bestreichen.

1. Trockenobst über Nacht in reichlich Wasser einweichen.
2. Mit dem Einweichwasser 20 Minuten kochen lassen und abgießen.
3. Obst, Datteln, Nüsse, Zitronat und Orangeat mittelfein zerkleinern. Mit Rosinen, Kirschwasser und Gewürzen mischen und eine weitere Nacht ziehen lassen.
4. Zucker untermischen. Zwei Drittel des Teiges in kleine Stückchen teilen und nach und nach mit dem Obst verkneten. Den restlichen Teig auf Mehl dünn ausrollen. Obst auf diese Teigplatte geben, zu einem Wecken formen und mit dem Teig umhüllen. Kletzenbrot auf ein gefettetes, mit Mehl bestäubtes Backblech legen. Weitere 30 Minuten gehen lassen. Brot mit Milch bestreichen.
5. In den kalten Backofen (untere Schiene) schieben. Bei 180 Grad (Umluft 150 Grad, Gas Stufe 2) eineinhalb Stunden backen.

Feines Konfekt für den Weihnachtsteller

Das Schwierigste beim Konfektmachen ist Zurückhaltung: Wenn zartbraune Nougatschnittchen, kokosflockige Pflaumenkugeln und knusprige Flockenrauten fertig vor Ihnen liegen, gibt es nur eines – ganz schnell ab damit in den Kühlschrank. Denn wer probiert, muß Weihnachten wahrscheinlich ohne Konfekt feiern. Oder noch mal von vorn anfangen.

Nougat-Konfekt

FÜR 40 STÜCK

100 g Löffelbiskuits,
100 g Butter,
100 g Nougat,
1 Eßl. Orangenlikör oder Orangensaft,
50 g Mokkabohnen.

1. Biskuits im Blitzhacker fein zerkleinern. Weiche Butter mit Nougat und Likör oder Saft vermischen, Biskuitbrösel unterkneten.
2. Teig zwischen Klarsichtfolie etwa 1 cm dick ausrollen und in den Kühlschrank legen, bis die Masse schnittfest ist.
3. In Rechtecke von zwei mal drei Zentimeter schneiden und jeweils mit einer Mokkabohne belegen. Kühl aufbewahren.

Gemischtes Konfekt

HONIGBERGE
(großes Foto rechts)

Je 100 Gramm Butter und Honig aufkochen, bis die Masse dick wird. 100 Gramm Haferflocken, drei Eßlöffel Sesam und vier Eßlöffel gehackte Mandeln untermischen. Auf Oblaten setzen und trocknen lassen.

FRUCHTTALER
(großes Foto oben)

175 Gramm Trockenobst, je 50 Gramm Kürbiskerne und Mandeln fein zerkleinern. Mit je zwei Eßlöffel Honig und Zitronensaft vermischen. Kugeln formen, flachdrücken und mit Mandeln belegen.

PFLAUMENKUGELN
(großes Foto Mitte)

100 Gramm Trockenpflaumen zerkleinern. Mit 100 Gramm gehackten Mandeln, zwei Eßlöffel Pflaumenmus, Zimt- und Nelkenpulver mischen. Kugeln formen und in Kokosflocken wälzen.

GEFÜLLTE APRIKOSEN
(großes Foto unten)

125 Gramm getrocknete Aprikosen, je 50 Gramm Haselnußkerne und Schokolade fein zerkleinern. Mit zwei Eßlöffel Honig mischen. In 25 getrocknete, halbierte Aprikosen füllen.

FLOCKENRAUTEN
(großes Foto links)

Je 100 Gramm geröstete Haferflocken und zerkleinerte Erdnußkerne, 200 Gramm Marzipanrohmasse und einen Eßlöffel Zitronensaft mischen. Zwischen Klarsichtfolie ausrollen, in Stücke schneiden und in flüssige Kuvertüre tauchen.

4. KAPITEL

Rund ums Schenken

Von Pflichtpräsenten und Liebesgaben

Einst gehörte Schenken zu den Pflichten des Arbeitgebers. Was heute das Weihnachtsgeld ist, war etwa bis zur Jahrhundertwende das Geschenk: fester Bestandteil des Arbeitsvertrages. In der Stadt bekamen die Dienstboten Kleidung oder auch Geld zu Weihnachten. Knechte und Mägde auf dem Land wurden mit Naturalien versorgt: mit süßem Gebäck, einem Hemd, einem Stück Stoff oder einem Bändchen für den Sonntagsrock. Wer nicht so eng mit dem Haus verbunden war – zum Beispiel Hirten und Tagelöhner – konnte wenigstens ordentlich zulangen: In alten Abrechnungen sind zu jedem Feiertag auch Extrarationen an Essen vermerkt. Weihnachten und Ostern durften die Leute am meisten essen. Man kannte also keine Überraschungen zum Fest, sondern erwartete von seinem Dienstherrn die fällige Ergänzung zum Lohn.

Früher wurden Geschenke überhaupt von oben nach unten verteilt: Wer höher auf der sozialen Leiter stand, gab, die „Niederen" nahmen. Heute ist es im öffentlichen Leben oft genau umgekehrt, und an der Menge der „Präsente", die sich im Büro ansammeln, kann man Rang und Einfluß des Beschenkten ablesen.

Feierliches Schenken war auch im großen Rahmen üblich: Klöster, Pfarreien, Stadtverwaltungen und Grundherren verteilten zu Weihnachten Lebensmittel an Bedürftige: zum Beispiel Lebkuchen, Schmalzgebäck oder süßes Brot. Wenn Sie heute den Drei-Königs-Singern Weihnachtskekse und Äpfel mit auf den Weg geben, ist das noch ein Rest dieses alten Brauches. Denn früher waren die „Könige" erwachsene Leute, die sich mit Singen einen Teil ihres Lebensunterhaltes verdienten (siehe Seite 156).

Auch Liebespaare machten sich natürlich Geschenke: In Bayern verehrte die Tochter des Hauses ihrem Freund das erste Stückchen vom Kletzenbrot. Der junge Mann revanchierte sich mit einer Einladung zum Dorftanz. Auf dem Land wurden sogar die Tiere beschenkt: Einige Tage vor Weihnachten band man in Schweden Getreidebündel auf Stangen und stellte sie vor dem Haus auf. Kamen viele Vögel zu diesen „Julgarben" , um die Körner aufzupicken, hofften die Leute auf ein gutes Jahr. Den Tieren im Stall brachte man Brot – schließlich hat-

Stoffsterne
(von Seite 66/67)
Eine Vorlage für die Sterne finden Sie auf dem Bastelbogen. (Wie Sie diese Vorlage übertragen, steht auf Seite 158). Mit 1/2 cm Nahtzugabe aus weihnachtlichen Stoffresten zuschneiden, dann mit engem Steppstich steppen, dabei eine Öffnung zum Durchziehen lassen. An den Ecken die Nahtzugabe bis knapp an die Steppnaht einschneiden, Stern wenden und flachbügeln. Zwei gleich große Sterne versetzt übereinander oder einen kleineren auf einen größeren heften, zum Schluß Goldlitze als Anhänger annähen.

ten Ochs und Esel das Kind in der Krippe mit ihrem Atem gewärmt.
Eine Bescherung der Kinder durch die Eltern wie heute mit Spielzeug und Süßigkeiten gibt es erst seit knapp 200 Jahren. Bis dahin waren nur die Paten fürs Schenken zuständig, und sie erhielten dafür auch eine Gegengabe: einen Lebkuchen oder ein Kleidungsstück zu Weihnachten, gefärbte Eier und süßes Fladenbrot zu Ostern. Derartiges war Pflicht für beide Seiten. Im Laufe der Zeit wurden die Kindergeschenke zwar reichlicher, blieben aber zunächst so nützlich wie die fürs Personal.
Erst Anfang des 19. Jahrhunderts begannen Erzieher, Lehrer und Eltern, die Kindheit als ganz eigenen, wichtigen Lebensabschnitt zu begreifen. Die Kinder rückten in den Mittelpunkt: Sie sollten den Eltern Freude machen durch Artigsein, fleißiges Lernen und Wohlerzogenheit gegenüber Fremden. Christkind und Weihnachtsmann wurden zu idealen Erziehungs-Partnern für die Eltern: Sie hielten sich geheimnisvoll im Hintergrund, sahen alles und belohnten und straften ohne großen Lärm, indem sie den Wunschzettel großzügig erfüllten oder rigoros zusammenstrichen. Für die Kleinen waren die Gaben unter dem Weihnachtsbaum die schöne Belohnung direkt vom Himmel. Größere Kinder, die nicht mehr an das himmlische Wirken glaubten, genossen die Bescherung natürlich genauso: Bunte Pakete sorgten ohnehin für Spannung. Und Dampflokomotiven oder Puppen waren viel kurzweiliger als neue Schuhe oder fein gestärkte Schürzen, die Patenonkel und -tante alle Jahre brachten.
Die Bescherung stand von nun an im Mittelpunkt des weihnachtlichen Familienfestes – bei allen, die es sich leisten konnten. Nach den Erzählungen von Zeitgenossen feierten die kaiserlichen Habsburger in der Wiener Hofburg das Fest genau wie wohlhabende bürgerliche Familien.

Weihnachtliche Geschenktüten, die Sie nirgendwo kaufen können. Mit Farben und Kordeln, Konfetti, Schmuckbändchen und Fantasie lassen sich einfache Papiertüten schnell verwandeln.

Bunte Teller

Mit Äpfeln und Nüssen, Orangen, Datteln, Feigen und Weihnachtskeksen eroberten sie die Weihnachtszimmer gegen Ende des 18. Jahrhunderts. Damals waren exotische Früchte und süße Sachen kostbare Leckereien, die Kinder und Erwachsene nur zu seltenen Gelegenheiten und großen Festen aßen. Heute mögen viele Leute Herzhaftes genauso gerne. Nur etwas Besonders sollte auf dem bunten Teller liegen – vor allem, wenn Sie ihn verschenken wollen. Bei unseren vier Vorschlägen ist die Unterlage genauso individuell auf den Geschmack des Empfängers abgestimmt wie der Inhalt. So kriegt jeder, was er mag.

Für Angler
(rechts oben)
Einen Korb mit Halmen auslegen. Ein weißes Tuch um den Korb legen und mit Spitze dekorativ festbinden. Den Korb mit Angelbedarf und einem Döschen Kaviar zur Stärkung füllen.

Für Öko-Freaks
(rechts Mitte)
Einen Jutesack aufrollen, mit vollwertigem Gebäck, Müsliriegel und Nüssen füllen. Schmuck sind Blätter und Papierkordel.

Für Asien-Fans
(rechts unten)
Einen Bogen Chinapapier quadratisch schneiden und an den vier Ecken knoten. Mit Lebensmitteln aus dem Asien-Shop füllen.

Für Traditionalisten
(links)
In zwei goldene Pappteller rundherum mit einer Schere Zacken schneiden. Teller übereinanderlegen und mit allem füllen, was an früher erinnert.

Fröhliche Weihnachten
100000
LIRE
CENTOMILA
BANCA D'ITALIA
GOLFO
DI
VENEZIA
VENEZIA
100
HUNDERT DEUTSCHE MARK

Die schönen Scheine

Wer sagt jetzt noch, daß Geld-verschenken fantasielos ist? Wenn Clara Schumann im Rähmchen steckt, ein paar Zehner-Schleifchen am Drachenschwanz hängen, Balthasar Neumann als Briefmarke grüßt, und der Weihnachtsmann den Fünfziger im Sack trägt, machen Scheine jedem Freude.

Gutschein-Bilder

Das brauchen Sie:
Für alle Gutscheinbilder 1 Stück Pappe, ca. 20 x 20 cm groß, eine Öse zum Aufhängen und Alleskleber. Außerdem Puppenstuben- oder Eisenbahnzubehör.

So wird's gemacht:
Bügelgutschein – Pappe über die Kanten hinaus mit Tapete bekleben. Auf dem Bügelbrett zuerst Stoff und Bügeleisen festkleben, dann alles gegen die Pappe kleben. Den Korb halbieren, mit der Schnittkante gegen die Pappe kleben. Stoffreste im Korb etwas festkleben. Öse auf der Rückseite befestigen.
Putzgutschein – Pappe mit Fliesenpapier für die Puppenstube beziehen. In den Eimer Klebstoff als Wasser drücken, an den Rand Wischtuch kleben. Besen, Schaufel, Handfeger gegen die Pappe kleben. Als Schmutz für die Schaufel eignen sich Sandkörner oder Radierkrümel. Öse befestigen.
Gartengutschein – Pappe mit Streugras und Streuerde bekleben. Zuerst die Weglinie dick mit Klebe bestreichen, Streuerde sofort dick darüberstreuen. Genauso erst eine, dann die andere Grasfläche aufkleben. Dann Blumen und Gartengeräte aufkleben. Zum Schluß Öse befestigen – immer genau in der Mitte des Gutscheinbildes.

Ein „Kulturbeutel“ einmal ganz anders.

Festlich eingetütet

Beim Basteln, Bemalen und Gestalten von Wundertüten (Foto unten) sind Kinder mit Feuereifer bei der Sache. Sie brauchen nur einfache Tüten aus Packpapier, Buntstifte, Deckfarben und dazu Weihnachtsschmuck, Schleifen und Deko-Material, das Ihnen gefällt, und dann kommt Ihr Geschenk einfach in die Tüte.

Musikpäckchen
(Foto rechts)
Das Päckchen mit Weihnachtsmusik trägt eine große goldene 24, leichte Ferienmusik ruht in einem Puppenliegestuhl mit Sonnenbrille und Papierschirmchen. Der glutrote Fächer und die schwarze Spitze weisen dem Opernkenner den Weg zu „Carmen". Und wer die Schnur auf die Garnrolle wickelt, entdeckt darunter den Weg zu Richard Strauß' „Ariadne auf Naxos".

24
Die Liebe wacht.
(L'amour veille)
VOL.2
PAR AVION
BY AIR MAIL

RAYMOND CARVER
PIPER
Termin
BUCH
M

Bücher in originellen Hüllen

1. Möglichkeit:
Die Verpackung nach dem Inhalt wählen wie beim Nähbuch oben links oder dem Italienführer (unten Mitte).
2. Möglichkeit:
Die Verpackung als zusätzliches Geschenk aussuchen wie Kochlöffel und Küchentuch beim Kochbuch rechts.
3. Möglichkeit:
Kreativ tätig werden und die Hülle fürs Buch künstlerisch gestalten wie den Behälter aus Karton und Gipsbinden rechts unten, der einen wertvollen Lyrikband birgt.
4. Möglichkeit:
Der Fantasie freien Lauf lassen und das Buch so edel verpacken, wie Sie es am liebsten mögen.

Weihnachtsgeschichten zum Vorlesen

HANS CHRISTIAN ANDERSEN erzählt von einem Tannenbaum, der viel mehr erwartet, als er bekommt: „Der Tannenbaum".*

CHARLES DICKENS erzählt von einem herzlosen Geizhals, der am Ende zum Lieblingsgroßvater aller Kinder wird: „Der Weihnachtsabend" (Reclams Universal-Bibliothek, Band 788).

SIR ARTHUR CONAN DOYLE erzählt von Sherlock Holmes und einer höchst interessanten Weihnachtsgans: „Der blaue Karfunkel".*

HANS FALLADA erzählt, wie drei Kinder ein Verbot mißachten und merken, daß andere das auch tun: „Lüttenweihnacht".*

ROBERT GERNHARDT erzählt vom guten Weihnachtsmann, der böse Eltern schreckt: „Die Falle".*

E.T.A. HOFFMANN erzählt von Spielzeug, das zum Leben erwacht, und einem Mädchen, das seinen Prinzen bekommt: „Nußknacker und Mausekönig" (Reclams Universal-Bibliothek, Band 1400).

ALEXANDER LERNET-HOLENIA erzählt von drei Feldherren, die ein neugeborenes Kind zu weisen Männern macht: „Die Heiligen Drei Könige von Totenleben".*

ASTRID LINDGREN erzählt, wie ein kleiner Junge seine Eltern ausgerechnet zu Weihnachten bestrafen will: „Pelle zieht aus".*

*zu finden in: Reclams Weihnachtsbuch.

Ganz natürlich

Ob Packpapier oder Wellpappe, Kreppapier oder gar alte Zeitungen: Öko-Verpackungen sind schön und jederzeit verfügbar.

Mit ein paar Extras wie Federn, Zweigen, Perlen, Spielzeugfiguren, Schnüren, Goldlack, Stempel, Siegellack, gemalten Schriftzeichen und reichlich Fantasie werden Ihre Weihnachtspäckchen garantiert ein Hit – und finden hoffentlich viele Nachahmer.

Weihnachtlich bedruckt

Drucken mit Kartoffelstempeln ist wirklich so kinderleicht, daß selbst ungeschickte Erwachsene bunte Tischdecken und Geschenkesäckchen spielend hinkriegen.

Kartoffeldruck

Das brauchen Sie:
Mehrere große Kartoffeln, 1 spitzes Küchenmesser, Pinsel, Stoffarben in Rot, Grün, Gelb und Blau, Papier zum Übertragen der Motive und etwas Küchenpapier zum Trockentupfen. Außerdem glatten, weißen Baumwollstoff.

So wird's gemacht:
Alle Motive und das Alphabet finden Sie in Originalgröße auf dem Bastelbogen. Motive oder Buchstaben auf Papier übertragen (siehe Seite 158) und ausschneiden. Für jedes Motiv eine Kartoffel in der passenden Größe glatt durchschneiden, das Motiv seitenverkehrt darauflegen (besonders wichtig bei den Buchstaben), etwas andrücken, dann mit einem spitzen Messer entlang der Kontur etwa 5 mm tief einschneiden. Alles, was nicht drucken soll, abheben: Nur die erhabenen Stellen drucken die Farbe! Mit dem Pinsel Textilfarbe auftragen, dann den Stempel auf den Stoff drücken. Dabei mit leichtem Druck auf der Stelle nach allen Richtungen „rollen", damit sich die Farbe gleichmäßig verteilt.
Die Tischdecke aus weißem Baumwollstoff (140 cm breit) hat einen 4 cm breiten Saum. Ihre Länge richtet sich nach der Länge Ihres Tisches. Da Baumwollstoff einläuft, sollte er vor dem Verarbeiten gewaschen und gebügelt werden. Wer will, bedruckt noch passende Servietten.
Der Weihnachtsbeutel ist fertig genäht ca. 50 x 40 cm groß. Sie benötigen 45 cm weißen Baumwollstoff, 110 cm breit, und 220 cm dicke, rote Baumwollkordel.

Den Stoff rundum versäubern, längs halbieren und an den Seiten mit 1 cm Nahtzugabe zusteppen, dabei oben an jeder Seite für den Kordeldurchzug 7 cm offenlassen. Die oberen Kanten 5 cm breit nach links bügeln und feststeppen. Einen 2 cm breiten Tunnel steppen und die Kordel einziehen. Beim Bedrucken eine Lage Zeitungspapier in den Beutel schieben, damit sich die Farbe nicht durchdrückt.
Tip: Aufgeschnittene Kartoffeln trocknen an der Luft aus und schrumpfen. Wenn Sie Ihre Stempel ein paar Tage aufheben wollen, gehören sie in Folie verpackt in den Kühlschrank.

Variation zum Thema:
Mit Kartoffelstempeln und Bastel- oder Wasserfarben wird aus einfarbigem Papier schnell buntes Geschenkpapier, aus normalem Briefpapier Weihnachtspost und aus einem sachlichen Postpaket eine verlockende Weihnachtssendung.

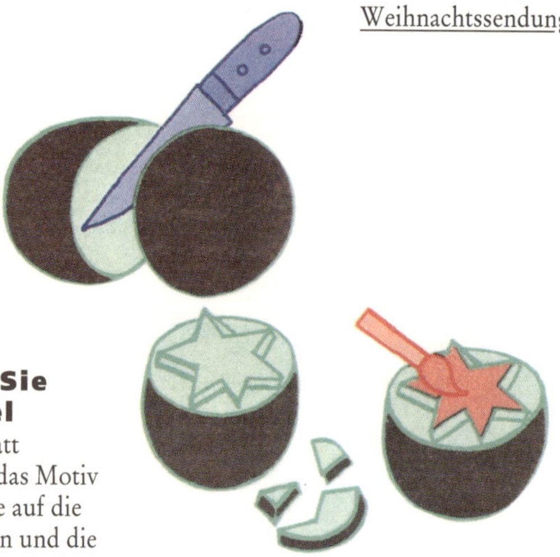

So machen Sie den Stempel
Eine Kartoffel glatt durchschneiden, das Motiv mit der Schablone auf die Schnittfläche legen und die Konturen mit einem spitzen Messer einritzen. Das Motiv mit dem Messer sauber herausschneiden.

Vor Weihnachten

In den vier Wochen vor Weihnachten machen sich die Menschen überall auf der Welt eine Menge Arbeit. Und haben viel Spaß dabei.

IN ESTLAND reinigen die Frauen alle Besen, damit die Hexen friedlich bleiben und die Gnome reichlich Süßigkeiten für die Kinder bringen.

IN PARIS wird die größte Krippe der Welt aufgebaut: Die 250 Figuren – bis zu 70 Zentimeter hoch – stehen unter einem weißen Riesenzelt. 20 automatische Puppen können gehen und sprechen.

DER AMERIKANISCHE PRÄSIDENT legt Mitte Dezember einen Schalter um, und die mächtige Fichte vor dem Weißen Haus erstrahlt in elektrischem Lichterglanz. Am Nordpol weckt Santa Claus derweil die Rentiere und belädt den Schlitten, um die braven Kinder in den USA zu beschenken.

IN ENGLAND machen sich die Leute ans Backen von Plumpudding oder Celebration Cake: Die weihnachtlichen Kalorienbomben aus Fett, Zucker, Eiern, Sherry, Trockenobst, Gewürzen, Zitronat und Orangeat müssen wie unser Kletzenbrot ruhen, bis sie so wunderbar schmecken, daß man nach einem Stück nicht aufhören kann zu essen.

IN AUSTRALIEN feiert man den Advent wie wir den Karneval.

IN HAWAII kam Santa Claus früher im Kanu, heute landet er per Hubschrauber. Die Krippen werden mit Figuren in polynesischer Tracht aufgebaut.

BEI UNS machen Frauen, Männer und Kinder auch heute noch all das, was Sie auf dem nostalgischen Stickbild sehen.

Stickbild Weihnachtsvorbereitungen

Das brauchen Sie:
60 cm Siebleinen, mindestens 80 cm breit, eine Docke Sticktwist pro Farbe, eine Sticknadel.

So wird's gemacht:
Das fertige Stickbild ist etwa 40 x 50 cm groß. Die Zeichnung rechts ist das Abzählmuster. Jedes Kästchen ist ein Kreuzstich (wie der geht, steht auf Seite 159). Sticken Sie die Kreuze über drei Gewebefäden in der Höhe und in der Breite. Je nach Leinenstärke werden die Motive etwas größer oder kleiner. Arbeiten Sie mit geteiltem Sticktwist (zwei- oder dreifädig).

Variationen zum Thema:
Sie können auch Einzelheiten des Bildes nachsticken – zum Beispiel für kleine Küchenbilder. Backszene, Ofenbild und Kaffeeklatsch auf je einem Bild ergeben eine hübsche Galerie. Schmale weiße Leinenstreifen für Regal – oder Schrankbretter sehen, mit den Küchenborden (obere Reihe) bestickt, sehr hübsch aus. Oder: das Fensterbild auf einer Gardine, die Katzen auf Topflappen, der blaue Rand als Set-Umrandung, das Ofenbild auf einer Küchenschürze, die Weihnachtsmotive auf einer Decke oder Servietten – Ihrer Fantasie sind keine Grenzen gesetzt. Geeignet ist jeder Stoff, bei dem sich die Fäden gut auszählen lassen.

Weihnachtspost

Die ersten „Glückwunschkarten" waren zum Verschicken zu kostbar: Im 15. Jahrhundert überreichten sich die feinen Leute kolorierte Holzschnitte und wunderschönes Bildergebäck aus dem Model.

Die ersten gedruckten Weihnachtskarten stammen aus dem Jahre 1843. Verschickt hat sie Sir Henry Cole, Vertrauter von Prinz Albert und erster Direktor des Londoner Victoria & Albert-Museums. Knapp 20 Jahre später war das Kartenschreiben zu Weihnachten schon fester Brauch. Am intensivsten betreiben ihn noch heute Amerikaner und Engländer: Sie sammeln Weihnachtskarten wie Trophäen, und wetteifern geradezu, wer die meisten auf den Kaminsims stellen kann.

Außer den ganz frühen, exklusiven Kunstwerken zu Weihnachten und den serienmäßigen Postkarten, unter die wir nur noch unsere Namen setzen müssen, gibt es schon lange auch selbstgebastelte Glückwunschkarten. Die ersten Exemplare waren natürlich nicht so modern und frech wie die Karten, die Sie hier und auf den nächsten Seiten sehen, eher feierlich und etwas schwülstig.

Die Idee dazu hatten vor etwa 250 Jahren Lehrer in protestantischen Kirchenschulen. Sie verteilten gedruckte doppelte Briefbögen an die Kinder – oft von bekannten Künstlern gestaltet. Die Bögen trugen auf der Vorderseite einen breiten bunten Bilderrahmen mit Weihnachtsmotiven, Szenen aus der Passion, Engeln, Ranken und Blumen. In diesem Rahmen standen die ersten Zeilen eines frommen Spruchs.

Die Kinder durften den vorgedruckten Weihnachtswunsch mit Fantasie und Geschick ausfüllen: Sie ergänzten den Sinnspruch auf dem Titelblatt und schrieben auf die Innenseite des Bogens in Schönschrift ein langes Gedicht, das sie selbstverständlich zu Weihnachten auswendig aufsagen konnten. Zum Schluß verzierten sie den Bogen mit Oblaten und selbstgemalten Bildern. Diese Weihnachtskarten für Eltern, Großeltern und Paten machten allen Freude. Die Erwachsenen waren stolz auf die Leistungen der Kleinen, und die Kinder empfanden das schöne Gestalten der Karten als Herausforderung: „Wenn dann endlich das letzte Wort ohne Tintenspritzer dastand, dann mochte uns wohl ein ähnliches Gefühl, wie den Wilhelm Tell, nachdem er den Apfel von seines Sohnes Kopf geschossen, erleichtern", heißt es in einer Autobiographie des vorigen Jahrhunderts.

Weihnachtskarten

Das brauchen Sie:
Weiße Doppelkarten im Hoch- oder Querformat aus dem Schreibwarengeschäft, dazu Buntpapier.
Oder: farbigen Fotokarton, um die Karten selbst zuzuschneiden.
Außerdem: dünnen, farbigen Karton, gummiertes Bunt- oder Glanzpapier, kleingemustertes Geschenkpapier, evtl. etwas Packpapier, schmales Geschenkband, farbloses Transparentpapier, spitze Schere, 1 Klebestift, Alleskleber, Bunt- oder Filzstifte.
So wird's gemacht:
Alle Vorlagen finden Sie auf dem Bastelbogen. Wie die Motive übertragen werden, steht auf Seite 158 .

Päckchenkarte

Übertragen Sie die Vorlage auf weißen Karton. Die gestrichelte Linie markiert die Falzkante. Schneiden Sie dann die drei Felder der Päckchen-Vorderseite getrennt aus Bunt- oder Geschenkpapier aus, kleben Sie sie nebeneinander auf das Päckchen. Geschmückt wird es mit aufgeklebtem Geschenkband und einer Schleife.

Weihnachtsbaumkarten
Übertragen Sie die Baumform auf grünes Buntpapier und kleben Sie sie zusammen mit der runden Sternspitze auf die Vorderseite einer Karte. Verzieren können Sie den Baum nun auf ganz verschiedene Weise – zum Beispiel mit Sternen, Äpfeln und Kerzen, die Sie nach der Vorlage zuschneiden. Oder mit einer Kugelkette, die Sie mit dem Locher fabrizieren: Legen Sie mehrere Lagen Buntpapier aufeinander und lochen sie. Mit einer Pinzette lassen sich die Kugeln als Kette aufkleben.

Karten mit Durchblick
Durch einen Ausschnitt in der Vorderseite sieht man ins Innere: auf einen Weihnachtsmann, Schneemann oder Engel. Die Vorlagen dafür finden Sie auf dem Bastelbogen. Das Fenster auf die Karte übertragen. Schneiden Sie es dann mit einer kleinen Schere (Silhouettenschere) aus. Karte zusammenfalten, Motiv durch das Fenster auf die Innenseite übertragen und ausmalen.

Karten mit Sternen-Ausschnitt
Wieder in die Karten-Vorderseite ein Fenster schneiden und innen entsprechend einen Stern aus Buntpapier kleben.

Dreieckige Karten
Die Tanne und die Weihnachtsmänner eignen sich nicht nur als Karten, sondern auch als Tischkarte oder Geschenkanhänger. Auf dem Bastelbogen ist bei der Vorlage die Falzlinie gestrichelt markiert. Übertragen Sie die Außenform auf farbigen Karton. Dann noch mit Buntpapier die Details aufkleben.

Sterne aus Resten
Aus Buntpapierresten können Sie nach der Vorlage auf dem Bastelbogen kleine Rhomben schneiden und sie auf Karten zu Sternen zusammenkleben.

Dreidimensionale Karten

Aufgeklappt sind sie so interessant wie ein Bühnenbild, gefaltet so flach, daß sie ohne Probleme in einen Umschlag passen. Am besten probieren Sie das Schneiden und Falten einmal mit Schreibmaschinenpapier aus, bevor Sie in die „Serienproduktion" gehen. Am einfachsten ist übrigens die Karte mit dem Engel.

Das brauchen Sie:
Farbigen und weißen Zeichenkarton, Buntpapier, Transparentpapier, nicht zu dünnes Zeichenpapier, außerdem Bleistift, Filzstifte, Lineal, kleine Schere, Papierschneidemesser (Cutter) und Klebstoff.

So wird's gemacht:
Alle Kartenmotive finden Sie in Originalgröße auf dem Bastelbogen. Beachten Sie, daß die Konturen unterschiedlich eingezeichnet sind: Fette Linien werden mit dem Cutter geschnitten, gestrichelte an der Vorderseite vorsichtig angeritzt, gepunktete an der Rückseite und dann wie eine Treppe geknickt. Motive ausmalen oder mit Buntpapier bekleben. Achtung: nicht die treppenförmig geknickten Teile aus Versehen mit festkleben! Wie die Motive kopiert werden und wie mit dem Cutter geschnitten wird, steht auf Seite 158.

Engel mit Kerze
Karte (20,5 x 16 cm) aus Zeichenpapier zuschneiden, in der Mitte senkrecht falzen. Darauf Kerze und Päckchen übertragen, Konturen wie eingezeichnet schneiden, anritzen und biegen. Alles bunt anmalen oder mit Buntpapier bekleben. Zum Schluß wird die Karte in eine gefalzte zweite aus Zeichenkarton eingeklebt.

Haus mit Tannenbäumen
Karte (29 x 14 cm) aus Zeichenpapier zuschneiden. Haus, Treppe und Kübel aus Buntpapier arbeiten und aufkleben. Fertigstellen wie beim Engel beschrieben.

Päckchen
Drei der fünf Päckchen treten aus der Karte (20,5 x 11,5 cm) hervor, nur das rechte untere und das linke obere sind daraufgeklebt. Mit Buntpapier bekleben. Fertigstellen wie beim Engel beschrieben.

Weihnachtsmann
Tragekorb und zwei Päckchen werden plastisch aus der Karte (13,5 x 17 cm) herausgearbeitet, der Weihnachtsmann aus Buntpapier aufgeklebt, und alles wird genauso fertiggestellt wie bei den anderen Karten.

5. KAPITEL

Schöner Schmuck

Schmuckstücke mit Geschichte

Die wichtigsten kehren alle Jahre wieder und sind so alt wie der Christbaum selbst: Kugeln und Lametta, Äpfel und Süßigkeiten.

Die Kugeln am Baum als haltbare Version des symbolträchtigen Weihnachtsapfels (Seite 138) gibt es schon seit etwa 400 Jahren. Die ersten Glaskugeln haben böhmische Handwerker geblasen. Bald wurden aus ihren Hütten richtige Produktionsstätten für Christbaumschmuck, die bis in die dreißiger Jahre unseres Jahrhunderts bestanden. Die Kugeln übrigens sollten das Licht der Kerzen reflektieren und den Weihnachtsbaum in vielfältigem, geheimnisvollem Licht erstrahlen lassen.

Etwa genauso alt wie Christbaumkugeln ist Lametta: Seine Vorläufer waren echte Gold- und Silberfäden, mit denen man bereits im Mittelalter die kostbaren Meßgewänder für den Gottesdienst bestickte. Aus hauchdünn geschlagenem Schmuckdraht, der mit Silber oder Gold überzogen war, entwickelten fränkische Handwerker schließlich Lametta als eine der beliebtesten Weihnachtsdekorationen.

Gold und Silber standen zum Geburtsfest des Christkindes überhaupt hoch im Kurs: Der warme Glanz des edelsten aller Metalle erinnerte die Gläubigen an Christus und die Sonne, der kühle Schimmer von Silber an die Muttergottes und den Mond als Symbol des Weiblichen. Baumkerzen gab es schon gegen Ende des 17. Jahrhunderts. Richtig populär wurden sie aber erst im 19. Jahrhundert, als man statt der teuren Wachskerzen auch preiswerte Stearin- und Paraffinkerzen bekam. Am norddeutschen Baum war die Himmelsleiter ganz wichtig, eine gefaltete Papiergirlande (Seite 93), die rund um den Baum von der Spitze bis zum Boden geschlungen wurde. Außerhalb der Weihnachtszeit heißt das Kinderspielzeug übrigens ganz unheilig „Hexentreppe".

Auch Eßbares hing schon an den ersten Christbäumen: 1570 stand in einer Bremer Zunftstube ein Baum mit Äpfeln, Datteln, Nüssen und Brezeln, den die Kinder zu Weihnachten plündern durften. Früher benannte man den Christbaum sogar oft nach seinem Schmuck: Rosinenbaum, Nußbaum, Zuckerbaum oder schlicht Freßbaum.

Geflochtene Sterne

(Foto Seite 88/89)

Das brauchen Sie:
Alleskleber und Glanzfolie in verschiedenen Farben.

So wird's gemacht:
Schneiden Sie pro Stern vier Papierstreifen zu: 3 cm breit und 70 cm lang. Sie werden zur Hälfte gelegt und an den Enden spitz zugeschnitten. Nun geht's Schritt für Schritt weiter wie auf den Zeichnungen:

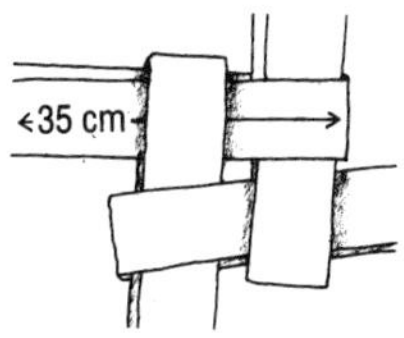

1. Zusammenlegen und zusammenstecken

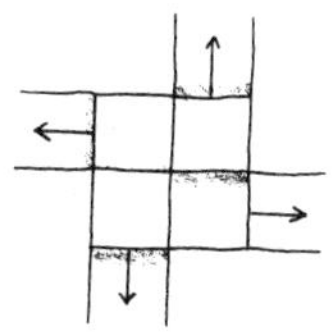

2. Festziehen

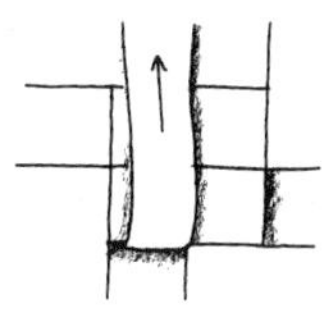

3. Obenaufliegende Streifen der Reihe nach falten, von unten nach oben

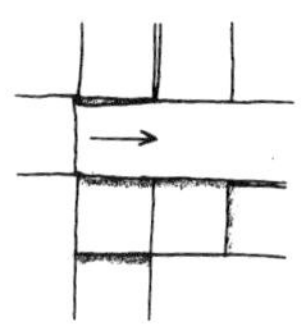

4. Von links nach rechts

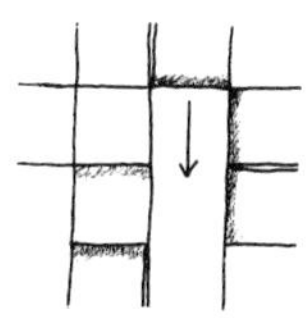

5. Von oben nach unten

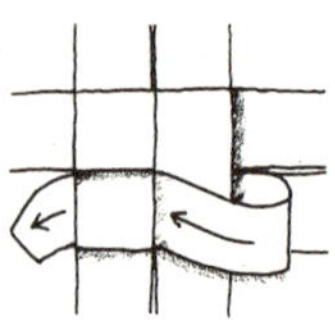

6. Von rechts nach links, und Streifen durch Flechtquadrat ziehen

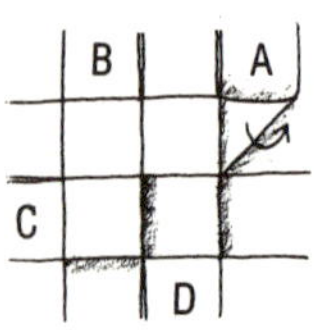

7. Streifen A nach hinten umschlagen und nach oben falten

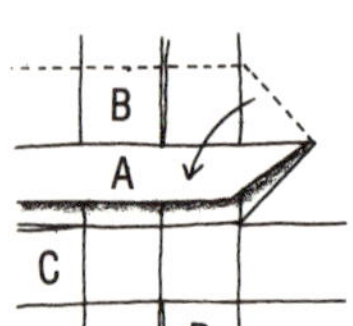

8. Streifen nach links schlagen und zur Mitte falten

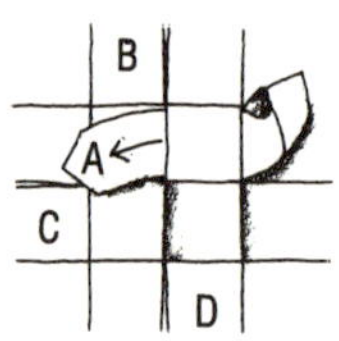

9. Streifenende A durch Flechtquadrat schieben, Streifen B, C und D genauso falten und durchschieben

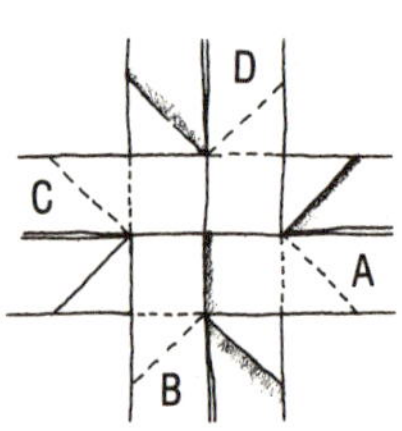

10. Stern wenden und die längeren Streifen wieder zu Zacken falten und durchschieben

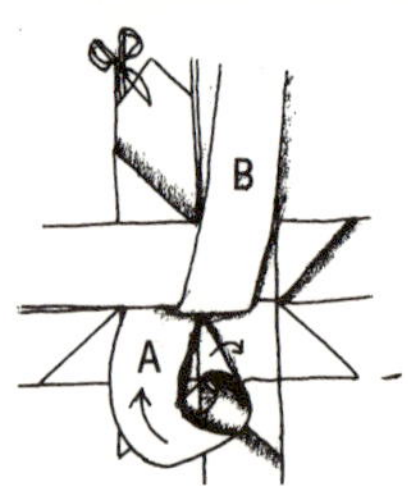

11. Streifen A nach hinten umschlagen, unter B schieben und festziehen, bis eine Spitztüte entsteht, die Überlänge abschneiden. Mit den Streifen B, C und D genauso verfahren. Den Stern umdrehen und auf der Rückseite die Streifen auch zu 4 Spitztüten stecken.

Faltsterne

Das brauchen Sie:
Packpapier, Nähnadel, Garn, Schere und Alleskleber.

So wird's gemacht:
Einen ca. 60 cm langen, 10 – 20 cm breiten Streifen als Packpapier wie eine Ziehharmonika falten (etwa 1,5 cm tief). Ein Ende abschrägen und eine Kante mehrfach so einschneiden, daß beim Auseinanderfalten ein Muster entsteht.
Am geraden Ende einen Faden durchziehen und damit den Stern in der Mitte zusammenhalten. Die offenen Seiten zusammenkleben.

Häuschen

Das brauchen Sie:
Pappe, Alleskleber, Glanzfolie mit kleinen Sternchen in verschiedenen Farben, Kopierpapier, Schere oder Cutter

So wird's gemacht:
Zeichnung per Kopierer beliebig vergrößern. (Die Häuschen auf dem Foto sind bis zur Spitze 12,5 cm hoch.) Die Linien mit Kopierpapier auf Pappe

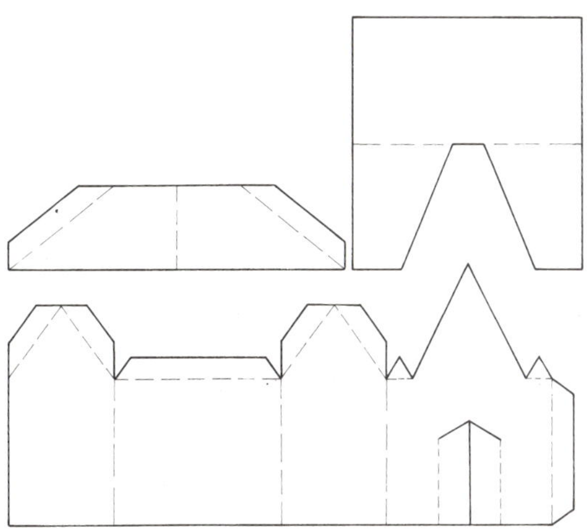

übertragen und ausschneiden. Haustür an den durchgezogenen Linien aufschneiden. Alle Teile an den gestrichelten Linien in Form falten, wieder ausbreiten und mit Glanzpapier bekleben (bei den Dachteilen auch um die Kanten herum). Erst das Haus, dann die beiden Dachteile zusammenkleben, fertiges Dach auf das Haus kleben.

Hexentreppe

Das brauchen Sie:
Glanzfolie, Alleskleber und Schere.
So wird`s gemacht:
Zwei 3 cm breite Papierstreifen schneiden, die Enden genau im rechten Winkel übereinander legen, dann immer abwechselnd den unteren über den oberen falten. Viele Hexentreppen aneinandergeklebt ergeben eine Girlande.

Äpfel

Das brauchen Sie:
Verschiedene Papierarten in Rot, Glanzpapier, Schere, Nähnadel und Nähgarn.
So wird`s gemacht:
Die Apfelform wird aus 10 – 16 Lagen Papier zugeschnitten. Dann genau aufeinander legen, in der Mitte knicken und in der Knickfalte mit großen Stichen zusammennähen. Auseinanderfalten, Aufhänger und Blätter annähen oder ankleben.

Glänzender Baumschmuck aus Papier

Damals in Bethlehem

Den Weihnachtsstern lieben die Menschen, weil er den Weisen aus dem Morgenland den Weg zur Krippe leuchtete. Tatsächlich war der Stern von Bethlehem ein merkwürdiges Phänomen: In den Jahren drei und zwei vor Christi Geburt kam es mehrmals hintereinander zu seltenen Himmelserscheinungen. Zuerst trafen sich der Planet Jupiter und der Stern Regulus im Sternbild des Löwen dreimal im Abstand von wenigen Monaten. Etwa sechs Wochen nach ihrer letzten Begegnung zog Jupiter eng am Planeten Venus vorbei.
Moderne Wissenschaftler konnten rekonstruieren, was babylonische Astronomen damals beobachtet haben. Für die Heiligen Drei Könige der Bibel, vermutlich Sternkundige, waren das klare Zeichen: Der „Löwe" galt als Sternbild des jüdischen Volkes. Wenn an seinem Hauptstern Regulus („kleiner König") der segensreiche, königliche Planet Jupiter dreimal hintereinander vorbeizog, um sich schließlich mit Venus, der Göttin der Liebe und Fruchtbarkeit, zu verbinden, mußte im Juden-Staat etwas Außergewöhnliches geschehen sein. Denn im Altertum gingen die Menschen davon aus, daß die Bewegungen der Sterne Zeichen für das harmonische Wirken der Götter seien – noch heute tragen viele Sternbilder den Namen einer griechischen oder römischen Sagengestalt. Und noch heute glauben viele Menschen, daß die Gestirne unser Schicksal beeinflussen.
Im Christentum wurden Sterne zum Symbol für Christus. Und Maria, als Königin des Himmels, trägt auf alten Gemälden einen Sternenmantel als Zeichen ihrer Würde.

Baumschmuck aus Metallfolie

Das brauchen Sie:
Dünne Metallfolie in Gold und Silber (Schreibwaren- und Bastelläden), 1 kleine, spitze Schere, verschieden dicke Stopfnadeln, 1 harten, spitzen Bleistift, 1 Kugelschreiber, 1 Stricknadel, Zwirn zum Aufhängen und Zeitungen als Unterlage.

So wird's gemacht:
Die Vorlagen für alle abgebildeten Baumanhänger finden Sie auf dem Bastelbogen. Sie können per Fotokopierer vergrößert oder verkleinert werden.
Übertragen Sie das jeweilige Motiv auf Papier (wie das geht, steht auf Seite 158) und befestigen Sie es mit Klebefilm auf der Metallfolie.
Legen Sie die auf eine weiche Unterlage.
Nun drücken Sie die Konturen und die Hauptornamente mit Kugelschreiber oder Stricknadel durch.
Papiermuster abnehmen, Metallmotiv grob aus der Folie schneiden, dann die kleinen Verzierungen, Lochlinien etc., mit Stopfnadeln ergänzen.
Zum Schluß das Motiv sauber ausschneiden, ein Loch zum Aufhängen bohren und einen Faden durchziehen.

Antikes zum Christfest: Mit dem heilbringenden Lorbeerkranz schmückte sich ursprünglich der altgriechische Künstlergott Apoll. Bei den Babyloniern galten Sterne als Söhne der Götter. Und für die Ägypter war der Vogel das Bild unserer Seele.

Christbaumkugeln aus Papier

Sie brauchen Geduld und ein bißchen Geschick, wenn Sie diese Kugeln (rechte Seite) für Ihren Weihnachtsbaum machen wollen. Die zarten Gebilde mit 24 Ecken werden aus Japan- oder Dekopapier gefaltet, zum Aufhängen mit Goldkordeln umwickelt und sind so ungewöhnlich und schön, daß sie sich auch als Geschenke sehr gut eignen.

Baumkugeln

Das brauchen Sie:
Japan- oder Dekopapier, Pergamentpapier, Kopierpapier, Kleber und dünne Goldkordel zum Umwickeln oder dünnes Garn für die Aufhänger.

So wird's gemacht:
Das Faltschema finden Sie auf dem Bastelbogen. Sie können es auch per Kopierer nach Ihren Wünschen verkleinern oder vergrößern. Schema auf Pergamentpapier durchzeichnen, auf die Rückseite des Japan- oder Dekopapiers kopieren, dann ausschneiden. An allen gestrichelten Linien das Papier einmal nach innen falten, damit es sich beim Zusammenkleben leichter in die richtige Form legt. Nun von unten beginnend Reihe für Reihe etwas Kleber auf die Falze streichen und die Kugel zusammenkleben (siehe Zeichnung). Beim Schließen der letzten Öffnung kann eine Fadenschlaufe zum Aufhängen mit eingeklebt werden. Oder Sie wickeln Goldkordel um die Kugeln und hängen sie an Kordelschlaufen in den Baum.

Wer die edlen Kugeln verschenken will, schmückt sie zusätzlich mit Blattgold: kleine Stückchen einfach aufs Papier drücken.

So wird die „Japankugel“ zusammengeklebt

Die Herzen des Dichters

Als Kinderfreund ist der dänische Dichter Hans Christian Andersen bekannt: Er hat nicht nur so wunderbare Märchen wie „Die Kleine Meerjungfrau" und „Die Schneekönigin" geschrieben, sondern auch zahllose Scherenschnitte für Kinder angefertigt. Vermutlich stammt vom ihm auch die Idee für geflochtene Herzen aus Papier, die man gefüllt in den Weihnachtsbaum hängen kann.

Geflochtene Herzen

Das brauchen Sie:
Goldenes und schwarzes (oder gold-schwarz-gemustertes) Deko- oder Geschenkpapier.

So wird's gemacht:
Aus den beiden Papierarten zwei Rechtecke (13 x 38 cm) zuschneiden. Beide der Länge nach zur Hälfte falten (1), die offenen Kanten gleichmäßig abrunden, dann die Bruchseite 3mal in gleichen Abständen einschneiden (2).

1

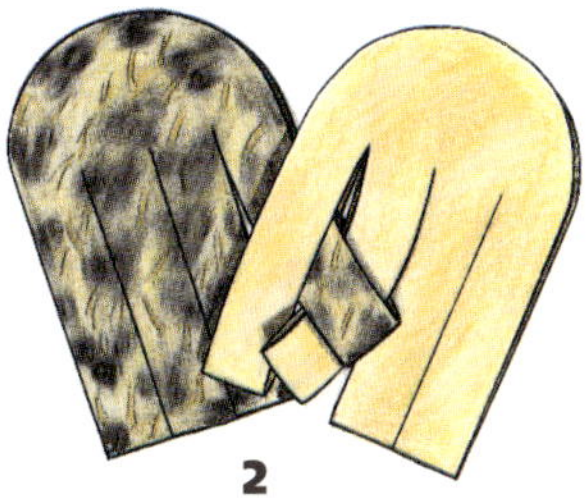

2

Die Teile dann wie in den Zeichnungen 2 und 3 dargestellt miteinander verflechten.

Für größere oder kleinere Herzen entsprechende Rechtecke zuschneiden. Je dichter Sie die Teile einschneiden, desto feiner wird das Geflecht.

Tip: Wenn Sie die Herzen probeweise aus Zeitungspapier zuschneiden und flechten, können Sie die jeweils als Muster für die Herzen aus Dekopapier benutzen.

Weihnachtshimmel

(Foto rechts)
Für 3 mittelgroße Sterne, die Sonne und den Mond besorgen Sie sich in einer Metallhandlung oder Schlosserei eine 0,5 mm dicke Platte Eisenblech von 50 x 70 cm. Außerdem brauchen Sie eine Blechschere und Klarlack, Goldband, Draht, Papier und Bleistift für die Schablone. Alle Figuren in der gewünschten Größe auf Papier vorzeichnen und ausschneiden. Diese Schablonen auf das Eisenblech legen, mit Bleistift nachzeichnen und mit der Blechschere ausschneiden. Das Metall nun polieren und mit Klarlack überpinseln.

Sonne, Mond und Sterne sind aus Blech. Sie können sie mit Klarlack polieren oder rosten lassen. Die Patina macht den Schmuck mit jeder Weihnachtszeit schöner. Die Sonne oder ein großer Stern sind auch eine dekorative Unterlage für den Kerzenleuchter.

Ausgefallener Baumschmuck

Natürlich gibt's Klassiker am Christbaum: Kugeln und Kerzen schmücken etwa 65 Prozent unserer Weihnachtsbäume. Aber mancher Baum trägt auch Modisches, wie Plüsch-Dinos, Computerdisketten und kleines Elektrospielzeug, und paßt sich so der Zeit an, in der er geschmückt wird. Im Ersten Weltkrieg zum Beispiel behängten „Patrioten" das gute Stück mit Mini-U-Booten und eisernen Kreuzen. Das Dritte Reich erklärte den christlichen Baum gar zur germanischen Jultanne und empfahl Hakenkreuze statt Lametta. Jérôme Bonaparte, exzentrischer Bruder Napoleons I., behängte als König von Westfalen den Baum mit Schenkungsbriefen, nach denen seine Günstlinge schnappen durften. Und vor einigen Jahren stellte ein Frankfurter Juwelier den Brillanten-Baum ins Schaufenster. Als Anreiz für Männer mit mehr Geld als Fantasie, die Lebensgefährtin mit Hochkarätigem zu schmücken wie einen Weihnachtsbaum?

Wer den stillen Baum zur stillen Nacht „ätzend" findet, kann seine Edeltanne verkabeln: Dann dröhnen Elektro-Weihnachtsmänner mit Pauken und Trompeten besinnliche Lieder zum Fest. Das nennt sich „Santas Marching Band" und stammt aus den USA.

Zarter Baumschmuck in Filethäkelei
(Foto rechts)

Das brauchen Sie:
Für 8 Anhänger 10 g weißes oder naturfarbenes Häkelgarn in Stärke 80 und 1 Häkelnadel Nr. 0,75.

So wird's gemacht:
Wie Filethäkelei geht, wird auf Seite 159 genau erklärt. Die Anhänger werden nach den Schemazeichnungen rechts von unten nach oben gehäkelt. Zuletzt bekommt jeder eine 5 cm lange Schlaufe aus Luftmaschen. Damit sie in Form bleiben, werden sie kräftig gestärkt und auf einer ebenen Unterlage liegend getrocknet.

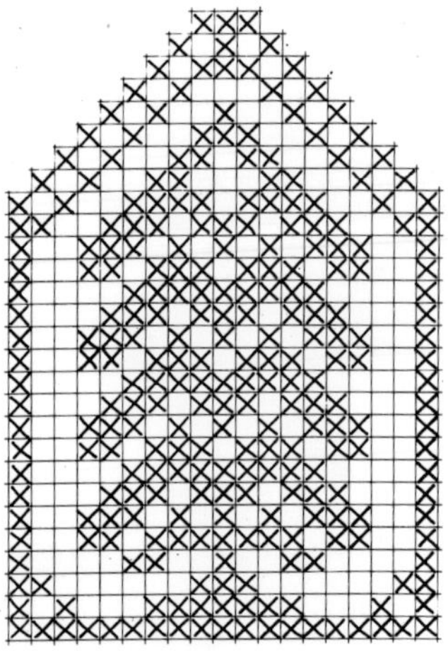
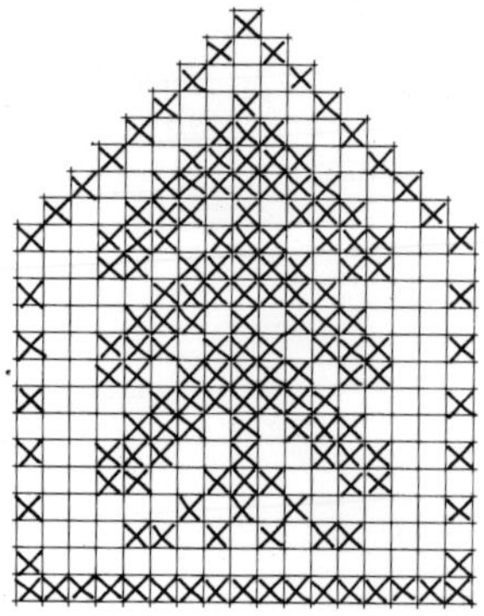
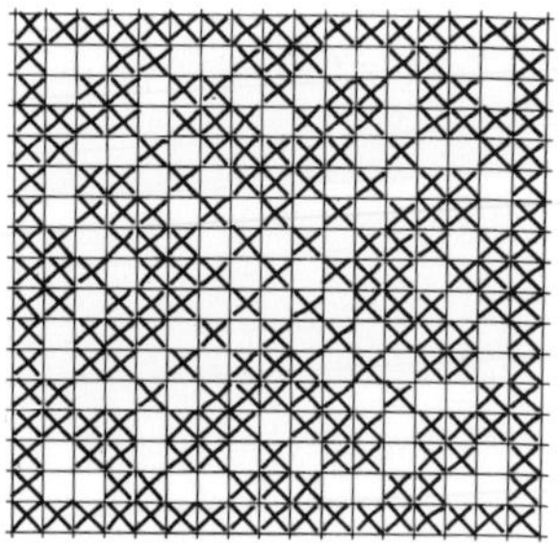
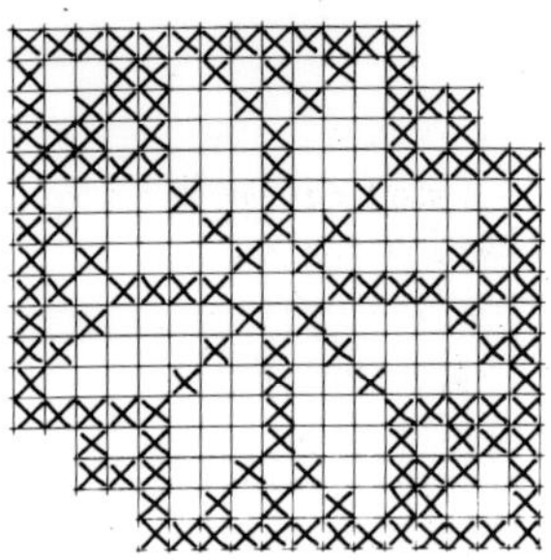
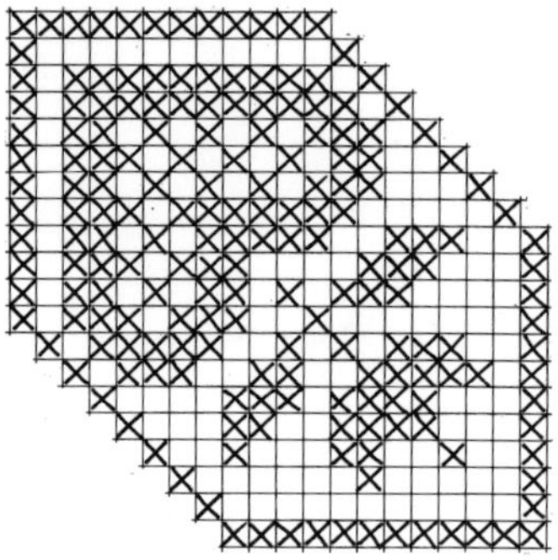
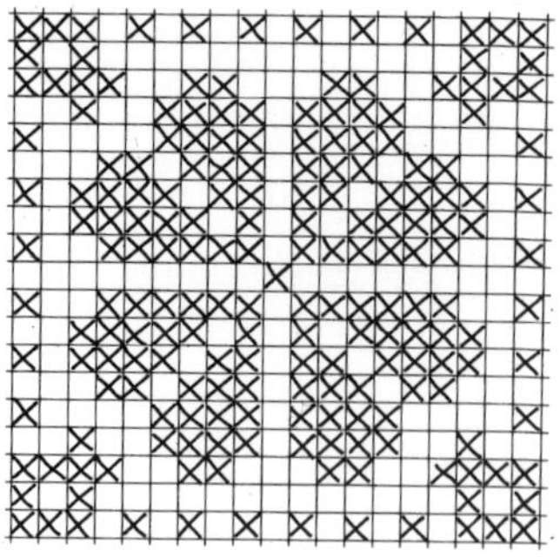
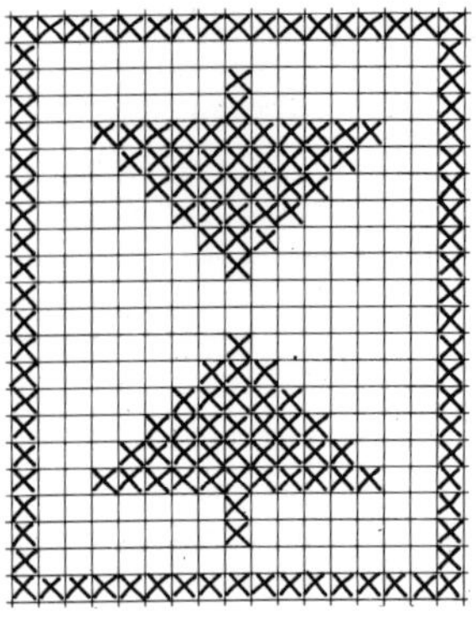
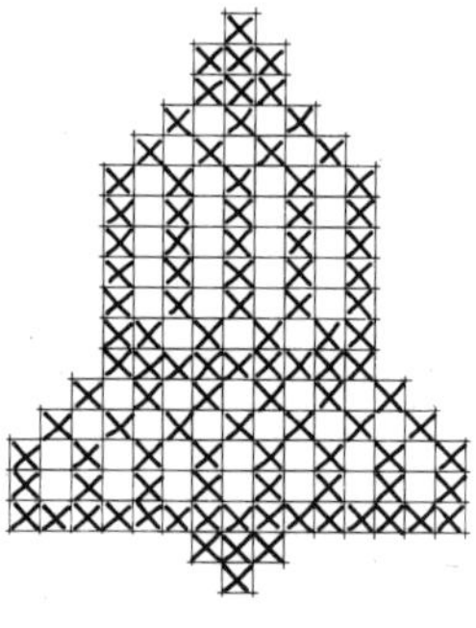
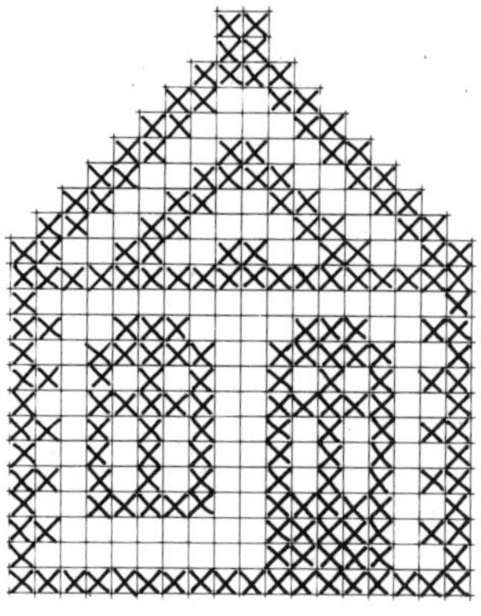
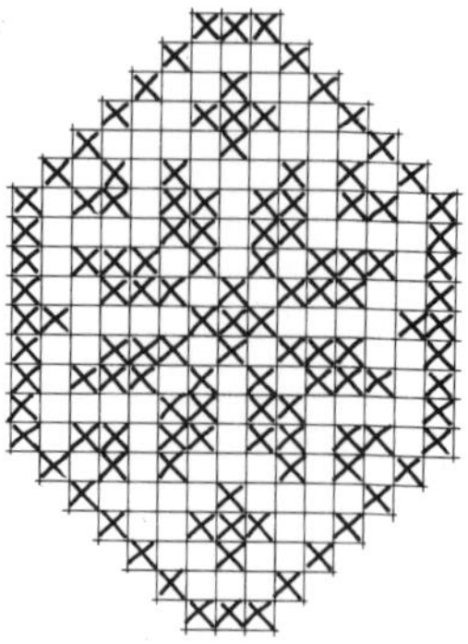
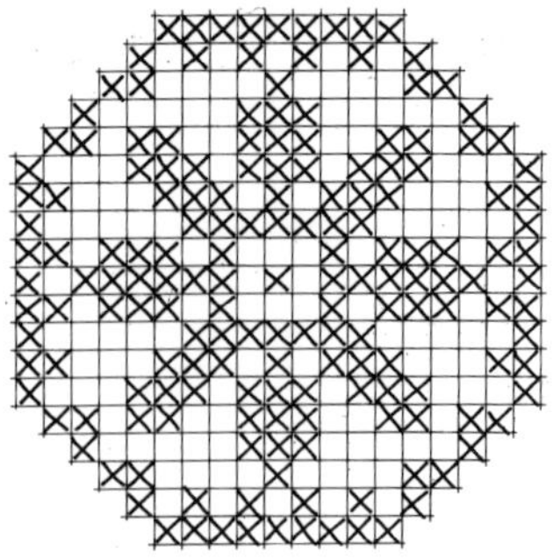
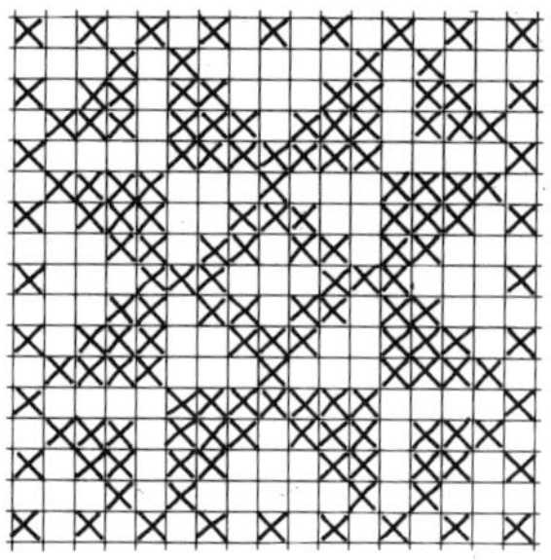
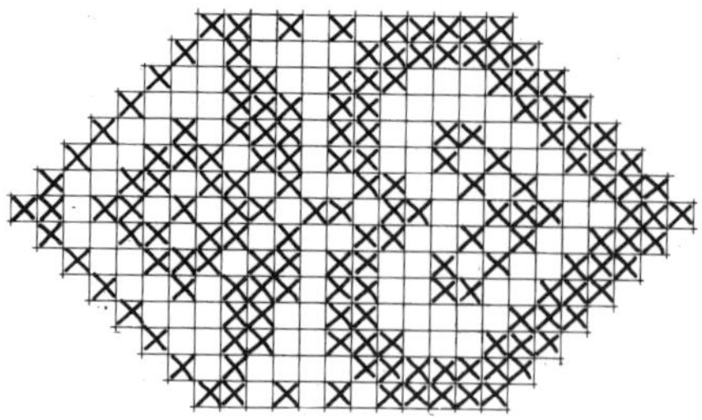

Weihnachtsmarkt als Transparent

Das brauchen Sie:
Für die beiden Marktbuden auf dem Foto je 1 Bogen schwarzen Fotokarton in Größe DIN A2 und DIN A4, Kopierpapier, Klebstoff aus einer Tube mit spitzer Tülle, Lineal, Bleistift, kleine, spitze Schere (Silhouettenschere), Schneidemesser (Cutter), Transparentpapier in verschiedenen Farben und als Unterlage zum Schneiden mehrere Lagen Zeitungspapier oder dicke Pappe.

So wird's gemacht:
Übertragen Sie die Vorlage vom Bastelbogen auf schwarzen Fotokarton (wie das genau geht, steht auf Seite 158). Schneiden Sie dann alle Flächen, die in der Vorlage weiß sind, aus dem Karton aus, die Rundungen mit der Schere, die geraden Linien mit einem Cutter (siehe Seite 158). Nun hinter diese Flächen farbiges Transparentpapier kleben, dabei das farbige Papier so großzügig zuschneiden, daß Sie es auf den Stegen festkleben können. Zum Schluß die Bruchkanten der fertigen Seitenteile leicht anritzen, kniffen und an die Außenkanten der Buden kleben. Hinter jede Bude ein Teelicht stellen.

Variationen zum Thema: Jede Marktbude kann einzeln ein schönes Fensterbild sein. Bohren Sie genau in die Dachmitte ein Loch, ziehen Sie Zwirn durch und befestigen alles mit einer Reißzwecke am Fensterrahmen.
Für Weihnachtskarten kopieren Sie eine Marktbude auf die linke Hälfte eines gefalteten, farbigen Kartons und schneiden wieder die weißen Flächen heraus. Dahinter Transparentpapier in einer Farbe kleben – das sieht ordentlicher aus als viele verschiedene Farben. Auf die rechte Hälfte kommen Ihre Weihnachtsgrüße. Oder Sie kopieren eine Marktbude auf Goldpapier, kleben es auf eine Karte und beschriften die Rückseite.

Weihnachtsmärkte

Ursprünglich war der Weihnachtsmarkt nur einer der wichtigen „Messen" in den großen Städten, zu denen Händler und Käufer von weither kamen. Diese Tradition spürt man noch heute: Jeder Weihnachtsmarkt wirkt mit seinen Bratwurstbuden und Glühweinständen, Krippenfiguren und Christbaumschmuck, Kleidern und Lederwaren ein wenig wie Flohmarkt und Jahrmarkt zugleich.
Richtig weihnachtlich, wie wir es heute mögen, wurden die Märkte im 19. Jahrhundert: Spielzeug und Süßigkeiten türmten sich an den geschmückten Ständen, der Nikolaus kam zum Bescheren.
Übrigens haben viele Plätze eine lange Tradition: Der berühmte Nürnberger Christkindlesmarkt findet seit Menschengedenken zwischen Frauenkirche und St. Sebaldus statt. Früher wurden die Buden immer beim Dom oder bei der Stadtpfarrkirche aufgebaut: Erstens lag davor meist der größte Platz. Zweitens konnte der Markt leicht in die Kirche verlegt werden. Der „Hamburger Dom" heißt sogar nach dem ehemaligen Mariendom: Schriften aus dem 14. Jahrhundert berichten, daß der Erzbischof den Händlern bei schlechtem Wetter erlaubte, mit ihren Waren in die Seitenkapellen und den Kreuzgang umzuziehen. Heute ist der „Weihnachtsdom" sehr weltlich: eine Dezemberkirmes.

Der Nostalgie-Baum

Unser Stickbaum ist ein edles Stück – genau richtig für das schönste aller Familienfeste. Fangen Sie rechtzeitig an, denn natürlich dauert es eine ganze Weile, bis das Stickbild fertig ist.

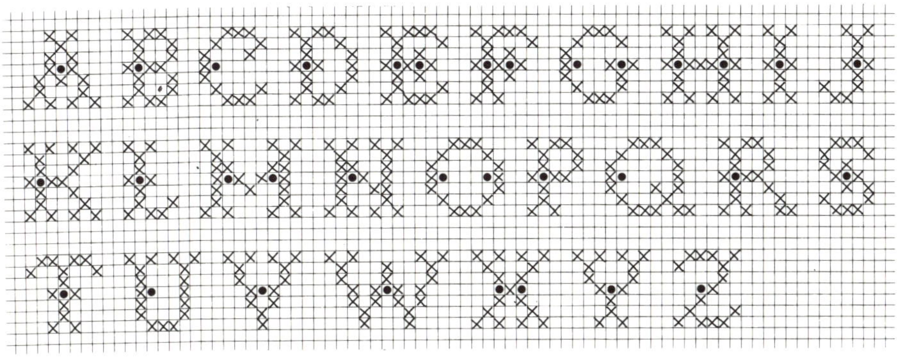

Mit diesem Alphabet können Sie viele Geschenke persönlich „zueignen".

Gestickter Weihnachtsbaum

Das brauchen Sie:
42 x 48 cm weißes oder naturfarbenes Siebleinen (oder einen anderen Zählstoff), 2 Docken Sticktwist in Tannengrün und je eine Docke für alle anderen Farben, eine Sticknadel.

So wird's gemacht:
Das fertige Stickbild ist ca. 20 x 28 cm groß.
Die Zeichnung (rechts) ist das Abzählmuster, jedes Kästchen ein Kreuzstich (wie der geht, steht auf Seite 159). Markieren Sie zunächst die Mitte des Stoffes und arbeiten Sie von der Mitte des Abzählmusters aus.
Die Kreuzstiche werden zweifädig immer über zwei Gewebefäden in der Höhe und in der Breite gearbeitet. Wenn Sie gröberen Stoff verwenden oder die Kreuzchen über drei Fäden in Höhe und Breite sticken, wird das Bild etwas größer und Sie brauchen entsprechend mehr Stoff.

Variationen zum Thema:
Machen Sie für Ihre beste Freundin das Bild durch ihren eingestickten Namen zu einem sehr persönlichen Geschenk!
Das gezeichnete Alphabet zeigt Ihnen, wie die einzelnen Buchstaben gearbeitet werden.
Die Spielzeugmotive unter dem Weihnachtsbaum sind – einzeln gestickt – hübsche Bilder für's Kinderzimmer. Und sie schmücken auch Lätzchen, Latzhosen und Kleider.

FROHES FEST

6. KAPITEL

Der Weihnachts-tisch

Die Zweige des Miraculix

Mit Schablone und Farben können Sie die magischen Misteln bannen – auf Decken, Geschenkpapier oder Briefbögen.

Misteln sind nämlich Zauberpflanzen: Wenn die Römer wieder mal frech werden, geht Miraculix, der Druide des durch Comic und Film weltberühmten kleinen gallischen Dorfes, hinaus in den Wald und schneidet die Ranken mit den weißen Beeren für sein Spezial-Kraftsüppchen. Auch wenn ein schüchterner Mann plötzlich eine wildfremde Frau küßt, liegt das am Mistelzweig über der Tür. Eine Mistel, in der Christnacht geholt, sprengt alle Schlösser. Ein einziger Mistelzweig bringt Glück ins Haus, schützt Mensch und Tier vor Krankheiten, Feuer, Wasser und anderem Übel.

Der Glaube an die gute Kraft der Mistel stammt von den Kelten. Ihnen galten Misteln als Symbol der Versöhnung und des Friedens. Mit dem Kuß an der Türschwelle unter der Mistel haben sie den Fremden als ihren Gast begrüßt und ihm Schutz in ihrem Haus gelobt.

Interessant, daß die germanischen Stämme, die um die Zeitenwende von Skandinavien nach Mitteleuropa eingewandert sind, mit der Mistel Unglück und Tod verbunden haben: Balder, ihr Gott des Frühlings, des Lichtes und der Jugend, wurde durch einen Mistelpfeil getötet.

Für die Christen wurden die immergrünen Misteln dann wieder festlich und strahlend; sie erinnern an die Heilsgeschichte, die mit der Geburt des kleinen Knaben vor etwa 2000 Jahren begonnen hat.

Tischdecke und Briefpapier mit Misteln

Das brauchen Sie:

Für die Leinendecke

(Foto Seite 106/107)

Naturfarbenes Leinen (oder Baumwollstoff) in der gewünschten Größe, Pergamentpapier, Kopierpapier 1 Bogen dünne Pappe, Cutter oder Silhouettenschere, Schablonenpinsel, Stoffarbe in hellem Oliv und in Weiß.

Für das Briefpapier

(Foto rechts)

Pergamentpapier, Pappe, schlichtes Briefpapier und Bastelfarben.

So wird's gemacht:

Leinen waschen und bügeln, Decke fertig nähen. Für die Mistelschablone die Konturen der Zeichnung auf Pergamentpapier zeichnen, evtl. auf dem Kopierer vergrößern. Per Kopierpapier auf Pappe übertragen. Mit einem Cutter (Schneidemesser) oder einer spitzen Schere (Silhouettenschere – beides siehe Seite 158) die farbigen Flächen und die Beeren sorgfältig ausschneiden. Die so entstandene Schablone benutzen Sie immer wieder, bis die Ranke auf der Decke komplett ist. Auf einer schützenden Unterlage den Stoff ganz glatt legen und die Schablone mit Klebestreifen jeweils auf der zu bemalenden Fläche festkleben. Mit dem Schablonenpinsel Stoffarbe in die freien Flächen der Schablone „stupfen“: Stiele und Blättchen in Oliv, Beeren in Weiß (am besten vorher auf einem Stoffrest üben). Nach dem Trocknen eventuell von links heiß bügeln (Gebrauchsanweisung der Stoffarbe beachten). Briefpapier, Briefkarten und Geschenkpapier werden mit Bastelfarben schabloniert.

REXEL CUMBERLAND Derwent Studio

Last-Minute-Tisch

Weihnachten kommt immer so plötzlich.
Gerade eben war noch genügend Zeit zum Backen, Basteln und Geschenkeverpacken. Aber dann steht doch schon der 24. mit dem Christkind vor der Tür. Keine Panik: Die Efeurankendecke kriegen Sie noch am letzten Adventssonntag hin.
Samt den Säckchen für Apfel, Nuß und Mandelkern!

Efeudecke und Säckchen

Das brauchen Sie:
Weißen Baumwollstoff für Tischdecke und Beutel. Die Stoffmenge bestimmen Sie – je nach Größe. Außerdem: weißes Nähgarn, Kordel zum Zubinden der Beutel (pro Beutel ca. 50 cm), dunkelgrüne Stoffarbe, einen Pinsel Nr. 4 und ein paar schöne Efeublätter mit Stiel. Für die Namen auf den Beuteln: Cutter, Pappe für Buchstabenschablonen und einen Schablonenpinsel (siehe Seite 158/159).
So wird's gemacht:
Nähen Sie zuerst Tischdecke und Beutel. Die Decke bekommt einen ca. 10 cm breiten Saum, auch die Beutel werden großzügig gesäumt. Bereiten Sie nun eine weiche Unterlage aus mehreren Lagen Zeitungspapier. Darüber kommt eine Lage unbedrucktes Papier, darauf wird der Stoff gelegt. Markieren Sie mit Stecknadeln ungefähr, wo Ihre fertige Ranke sein soll. Zum Bedrucken mehrere schön geformte Efeublätter sorgfältig mit Stoffarbe einpinseln. Die eingefärbte Seite der Blätter fest auf den Stoff drücken. Blattform und Stiele falls nötig mit dem Pinsel vervollständigen. Nach dem Trocknen eventuell von links heiß bügeln (Gebrauchsanweisung der Stoffarbe beachten). Für die Namen auf den Säckchen die einzelnen Buchstaben auf Pappe zeichnen und mit einem Schneidemesser (Cutter) ausschneiden. Diese Buchstabenschablonen per Schablonenpinsel mit Farbe ausfüllen.

Weihnachtliche Wohlgerüche

Sie brauchen viele Zimtstangen, eine große Packung Gewürznelken, Orangen, Äpfel und Granatäpfel. Einige Orangen rundherum so dünn und vorsichtig abschälen, daß die Schale am Stück bleibt und sich hübsch kringelt (die Früchte nehmen Sie für Punsch). Die anderen Orangen mit Gewürznelken spicken, Zimtstangen mit bunten Bändern bündeln. Besonders dekorativ sieht alles in einer selbstgebauten Etagere aus. Auf dem Foto besteht sie aus zwei Gefäßen mit Fuß. Eine schöne große Obstschale tut es natürlich auch. Wer mag, legt noch Weihnachtsschmuck, Hagebutten und Mistelzweige dazu.

Blumen im Schnee

Die Heilige Nacht ist die wunderbarste Nacht des Jahres. Die Glocken versunkener Kirchen läuten, Wasser wird zu Wein, Tiere können sprechen: Wenn der Bauer nachts heimlich in den Stall geht, hört er, was die Tiere von ihm halten. Apfelbäume stehen in voller Blüte – wer sich darunter stellt, sieht den Himmel offen. Zwischen elf und zwölf Uhr nachts treibt der Hopfen selbst unter dem tiefsten Schnee eine frische Sprosse, die Schlag zwölf wieder verschwindet. Viele Jahrhunderte lang wurde am Weihnachtstag ein blühender Rosenzweig in feierlicher Prozession zum englischen König gebracht. Vermutlich, weil die rote Rose auf die Leidensgeschichte hinweist, die das neugeborene Kind wird erdulden müssen, denn die fünf Blütenblätter einer wilden Rose symbolisieren die fünf Wundmale Christi. Die schönste Geschichte wird von der Christrose (Foto unten) erzählt, die fünf weiße Blütenblätter und zartgelbe Staubgefäße trägt: Früher, als die Menschen noch an Wunder glaubten, kam jedes Jahr in der Weihnachtsnacht für einige Stunden das Paradies auf die Erde. Wilde und zahme Tiere lebten einträchtig beieinander, prachtvolle Blumen blühten, die man sonst nie zu sehen bekam. Doch irgendwann interessierte sich keiner mehr für das Wunderbare, und deshalb verschwand es aus unserer Welt. Nur die Christrose ist uns geblieben als Zeichen des Friedens auf Erden, den in der Christnacht niemand brechen sollte.

Gestickte Christrosen

Das brauchen Sie:
Fertig gekaufte oder selbstgenähte Tischwäsche (Serviette, Tischdecke, Set etc.) aus Leinen, Sticktwist in Weiß, Gelb, Mittelgrün und Hellgrün, pro Motiv ein Stück Organza, Stickrahmen, Sticknadel, Bleistift und Pinzette.

So wird's gemacht:
Die Zeichnung (rechts) ist originalgroß. Übertragen Sie sie mit Bleistift auf hellen Organza, heften Sie den Organza auf Ihr Leinen. Sticken Sie die Christrosen im Stickrahmen mit geteiltem Sticktwist: die Blüten im ineinandergreifenden Plattstich, die Staubgefäße im Knötchenstich und die Blattadern im Stielstich. (Alle Stiche werden auf Seite 159 genau erklärt.)
Zum Schluß den Organza ringsum abschneiden und restliche Fäden mit der Pinzette aus der Stickerei zupfen.

Gestickte Schneeflocken-Decke

Das brauchen Sie:
1,80 m Naturleinen, 180 cm breit (mit ca. 85 Gewebefäden pro 10 cm) und 10 Docken weißes Perlgarn.

So wird's gemacht:
Die fertige Decke ist ca. 150 x 150 cm groß. Vor dem Besticken das Leinen bei 30 bis 40 Grad waschen und in nicht ganz trockenem Zustand bügeln, es ist dann griffiger. Die Schneesterne werden im Kreuzstich (siehe Seite 159) über 3 Gewebefäden in der Höhe und Breite nach den Zeichnungen 1 bis 4 gearbeitet. Zuerst die Umrandung sticken und an einer Ecke beginnen. Dafür von beiden Eckkanten 15,5 cm nach innen abmessen und dort mit

Heftfäden wieder eine Ecke markieren. An diese Linie den Schneestern nach Zeichnung 1 sticken. Von dem fertigen Stern ca. 8,5 cm nach rechts gehen (die Fäden auszählen, sie müssen durch drei teilbar sein) und dort mit dem kleineren Stern nach Zeichnung 2 beginnen. Die Mitte der beiden Sterne muß auf einer Höhe liegen. Nun immer im gleichen Abstand (Mitte auf einer Linie) noch 6mal den kleinen Stern nach Zeichnung 2, dann, für die nächste Ecke, wieder den großen Stern nach Zeichnung 1 sticken: Die erste der vier Umrandungskanten ist fertig. Vom Eckmotiv aus nun die zweite und später die dritte und vierte Kante genauso arbeiten. In die Mitte der Decke beliebig verstreut Sterne nach allen vier Mustern sticken. Bei der Decke auf dem Foto sind es 4mal Muster 1, 8mal Muster 2, 5mal Muster 3 und 6mal Muster 4.
Zum Schluß die Decke säumen: Zunächst die Kanten, die breiter sind als 15,5 cm (von den Eckmotiven aus gemessen), auf dieses Maß zurückschneiden. Nun rundherum 2 cm, dann noch einmal 13 cm nach links umbügeln und den Saum knappkantig feststeppen. Dabei die Ecken als Briefecken arbeiten.

Variationen zum Thema: Schneeflockensterne machen auch fertig gekaufte Deckchen, Servietten oder Sets – zum Beispiel aus dunkelblauem Leinen – in Windeseile weihnachtlich. Die Sterne werden kleiner, wenn Sie sie nur über je zwei Gewebefäden sticken.

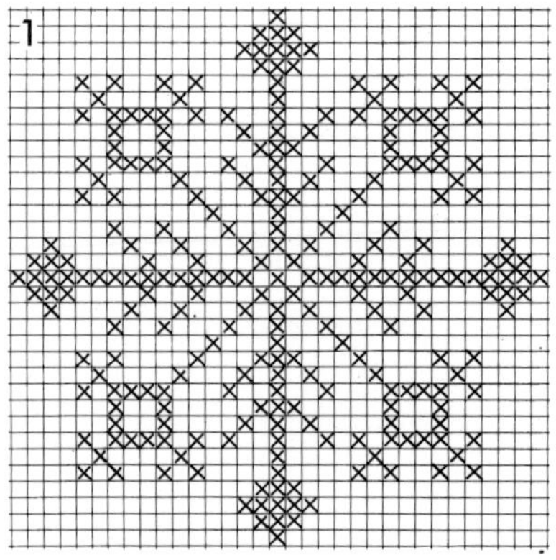

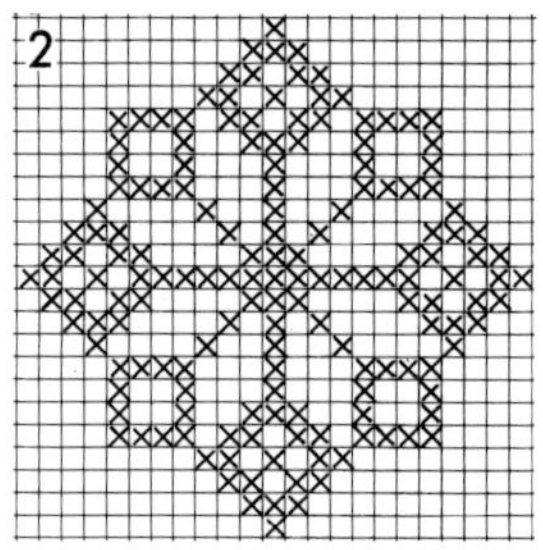

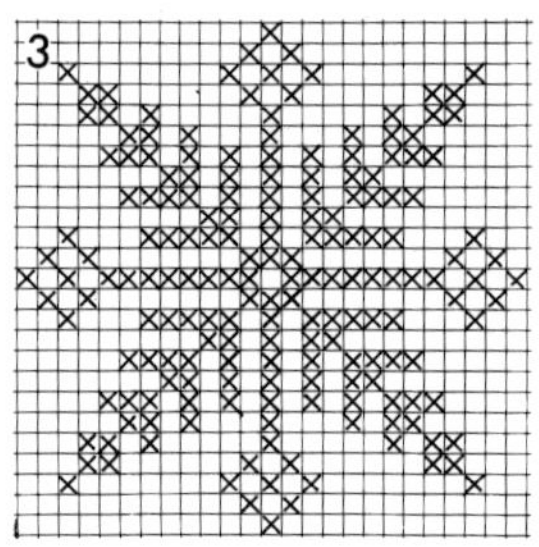

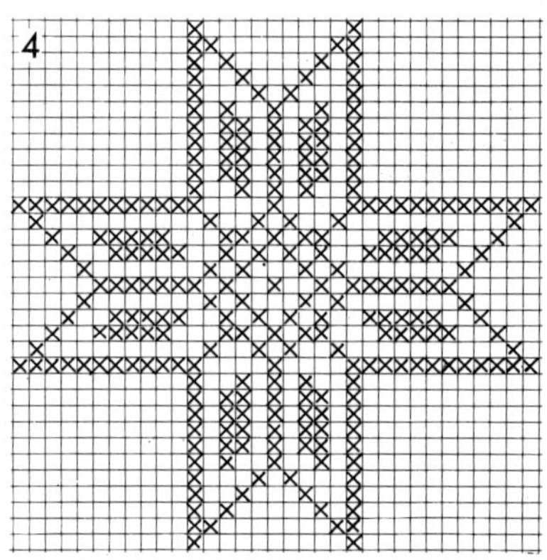

Warum ist Weihnachten im Winter?

Das war nicht immer so: Im frühen Christentum feierte man Weihnachten auch im März oder im Mai. Denn niemand weiß, wann Jesus tatsächlich geboren wurde. Das Datum 25. Dezember kam vermutlich aus zwei Gründen zustande: Erstens gilt die Frühlingssonnenwende als Tag der Empfängnis, und die Geburt neun Monate später fällt auf den 25. Dezember. Zweitens brauchte die junge christliche Kirche einen populären Feiertag, wenn sie sich gegen den römischen Staat mit seiner mächtigen Priesterschaft durchsetzen wollte. So beschlossen ein paar hohe Kirchenleute vor etwa 1800 Jahren, den Geburtstag Jesu Christi, der „Sonne der Gerechtigkeit", am 25. Dezember feierlich zu begehen. Exakt an diesem Tag feierten nämlich auch die Römer einen glanzvollen Geburtstag: den der „Unbesiegbaren Sonne", womit nicht der Himmelskörper, sondern Kaiser und Staat gemeint waren.
Zuerst drang der Weihnachtstermin freilich nicht durch: Manche blieben beim Tag der Taufe Jesu, dem 6. Januar – noch heute ist dieses „Großneujahr" für die orthodoxen Christen wichtiger als das Geburtsfest Jesu. Erst Kaiser Konstantin der Große legte im Jahre 381 Weihnachten auf den 25. Dezember fest.

Sternenzeit

Weihnachten gibt's Sterne zuhauf: aus Goldpapier und Silberfolie, Strohhalmen und Plätzchenteig. Diese sind aus Häkelgarn und schmücken Ihren Weihnachtstisch.

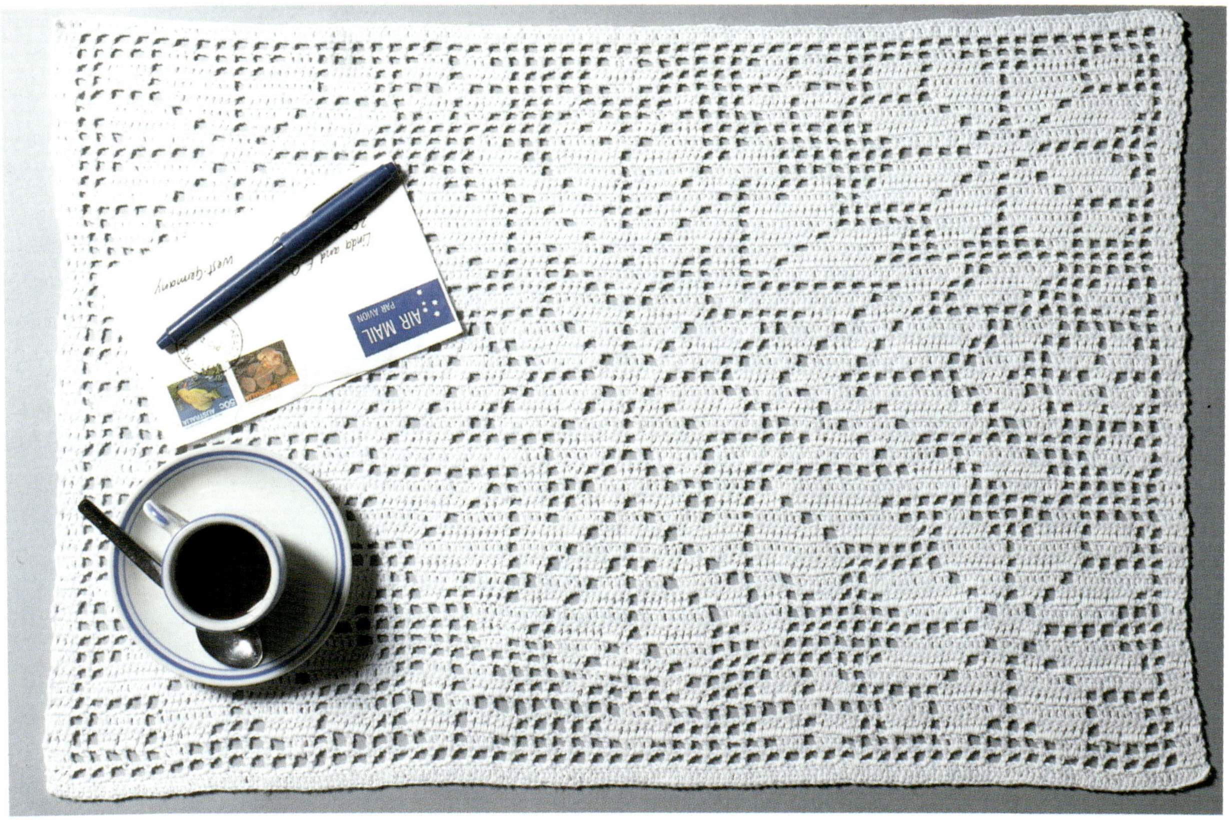

Häkelsets

Das brauchen Sie:
Je Set 100 g weißes Baumwollhäkelgarn (Lauflänge 250m/50g) und eine Häkelnadel Nr. 2.

So wird's gemacht:
Die Sets werden als Filethäkelei gearbeitet. Wie die genau geht, steht auf Seite 159. Die Muster bestehen nur aus Stäbchen und Luftmaschen, sind also ganz einfach. Motive siehe Schemazeichnungen (rechts). Maschenprobe: 42 Maschen (= 14 Kästchen) in der Breite und 17 Reihen in der Höhe ergeben 10 cm im Quadrat. Man arbeitet immer nach dem gleichen Prinzip: 178 Lftm. anschlagen und nach der gewünschten Schemazeichnung häkeln. Dabei wird jede R. mit 2 Luftm. statt des 1. Stb. begonnen. Für die gefüllten Kästchen der 1. R. arbeitet man 1 Stb. auf jede Anschlagm., dann wie gezeichnet im Grundmuster fortfahren. Ein fertiges Set ist ca. 42 cm breit und 30 cm hoch. Das fertige Teil nach diesen Maßen feucht spannen und trocknen lassen.

Variation zum Thema:
Die Schemazeichnungen oder Teile daraus können Sie auch für eine Kreuzstich-Stickerei nutzen – mit weißem Garn auf dunkelblauem Leinen zum Beispiel. Worauf Sie beim Kreuzstich achten müssen, steht auf Seite 159.

Nach diesen Zeichnungen können Sie vier verschiedene Sets häkeln
(Buch drehen, jeweils links unten mit dem Häkeln anfangen).

Festlich gedeckt

Am wichtigsten fürs Tischdecken sind Ideen.
Dann kommen Sie auch mit preiswerten Requisiten aus.

Statt Blumen
Schöne Tannenzapfen am unteren Ende mit Blumendraht als Stiel umwickeln. Mit Efeu- und Tannenzweig, einer Papierrose oder einer anderen künstlichen Blume zum Gebinde kombinieren und ebenfalls mit Draht umwickeln. Den Draht mit einem Band verkleiden.

Gold und Silber
sind die schönsten „Weihnachtsfarben", weil sie im Kerzenlicht schimmern. Hier ist die Serviette mit einem Goldbändchen verschnürt, der Spitzenstern wurde aus fertiger Stickereispitze geschnitten.
(Foto links)

Glanzlichter
Die Glasleuchter aus preiswertem Preßglas sorgen für effektvollen Schimmer, der Spiegel dahinter reflektiert den Kerzenschein (Foto oben rechts). Wer nicht genügend Leuchter hat, nimmt Blumentöpfe: Töpfe bis zu drei Viertel mit Sand füllen, dicke Kerzen hineinstecken und den Sand mit Moos abdecken.

7. KAPITEL

Das Festessen

Klassiker zum Vorbereiten

Vier Gänge für sechs Leute ganz ohne Hektik zubereitet: Blätterteigtaschen, Klößchensuppe und Filets mit Gemüse kochen Sie, wenn Sie Zeit haben, und frieren alles bis zum Fest ein. Die Mokka-Schokoladen-Creme wird morgens zubereitet und bis zum Servieren gekühlt.

Blätterteigtaschen mit Pilzen

(im Foto oben rechts)

FÜR 12 STÜCK

1 Paket Tiefkühlblätterteig (450 g),
125 g Austernpilze,
1 Eßl. Öl,
1 Eßl. Mandelstifte,
1 Eßl. Kräuter-Frischkäse,
Salz, schwarzer Pfeffer,
Mehl für die Arbeitsfläche,
1 Ei zum Bestreichen.

1. Teigplatten nebeneinanderlegen und auftauen lassen. Backofen auf 225 Grad (Umluft 200 Grad, Gas Stufe 4) vorheizen.
2. Pilze hacken und im heißen Öl bei großer Hitze braten, bis alle Flüssigkeit verdampft ist. Mit Mandeln, Frischkäse, Salz und Pfeffer vermischen.
3. Teigplatten auf Mehl ausrollen. 24 Sterne oder Herzen ausstechen, zwölf davon mit der Füllung belegen. Ei trennen. Teigränder mit Eiweiß bestreichen. Die anderen zwölf Formen darauf legen und die Ränder andrücken. Taschen auf ein kalt abgespültes Backblech legen, mit Eigelb bestreichen und 15 Minuten backen.
Zum Vorbereiten: Teigtaschen zum Einfrieren nur 10 Minuten backen. Zum Servieren gefroren in den vorgeheizten Ofen schieben und bei 200 Grad (Umluft 180 Grad, Gas Stufe 3) 7 Minuten aufbacken.

Klare Brühe mit Klößchen

(im Foto links)

FÜR 6 PORTIONEN

Käseklößchen:
60 g Butter oder Margarine,
1 Ei,
4 Eßl. geriebener Käse,
80 g Grieß,
1/2 Teel. Currypulver,
Salz, weißer Pfeffer;
Kräuterklößchen:
1/4 l Milch,
Salz,
30 g Butter oder Margarine,
125 g Mehl,
2 Eier,
1 Paket gem. Tiefkühlkräuter;
Fleischklößchen:
2 rohe Kalbsbratwürste,
1 Schalotte,
2 Eßl. Crème fraîche,
1/2 Teel. abgeriebene Zitronenschale,
schwarzer Pfeffer,
1,5 l Fleischbrühe.

1. Für die Käseklößchen alle Zutaten verkneten und 45 Minuten quellen lassen. Mit zwei Teelöffeln 16 Klößchen abstechen und in kochendes Salzwasser geben. Bei kleiner Hitze 10 Minuten gar ziehen lassen.
2. Für die Kräuterklößchen Milch, Salz und Fett aufkochen. Mehl dazugeben und rühren, bis sich der Teig als Kloß vom Topfboden löst. In eine Schüssel geben, nacheinander die Eier und zuletzt die Kräuter unterrühren. 24 Klößchen abstechen und wie die Käseklößchen garen.
3. Für die Fleischklößchen den Bratwurstteig aus der Haut drücken. Mit gehackter Schalotte, Crème fraîche, Zitronenschale und Pfeffer mischen. 20 Klößchen formen und ebenfalls garen.
Zum Vorbereiten: Gegarte, abgekühlte Klößchen einfrieren. Zum Servieren in die kochende Brühe geben und darin ziehen lassen: Kräuterklößchen brauchen etwa 15, Fleischklößchen 8 und Käseklößchen 5 Minuten.

Zweierlei Filets mit Kräuterpaste und Gemüse
(Foto Seite 120/121)

FÜR 6 PORTIONEN

Filets:
10 g getrocknete Steinpilze,
2 Eßl. Fleischbrühe,
3 Eßl. grober Senf,
1 Teel. Pfefferkörner,
je 1 Bund Petersilie und Basilikum,
1 Teel. getrockneter Thymian,
Salz,
1 kg dünnes Rinderfilet,
2 Schweinefilets à 280 g,
2 Eßl. Butterschmalz;
Gemüse:
1 Zwiebel,
500 g Möhren,
500 g Zucchini,
2 Eßl. Öl,
400 ml Fleischbrühe,
200 g Schlagsahne,
Salz, weißer Pfeffer,
1 Bund glatte Petersilie.

1. Gehackte Steinpilze mit Brühe mischen und 15 Minuten ziehen lassen. Senf, zerdrückte Pfefferkörner, gehackte Kräuter, Thymian und Salz zugeben und alles mischen. Backofen auf 225 Grad (Umluft 200 Grad, Gas Stufe 4) vorheizen.
2. Alle Filets im heißen Butterschmalz kräftig anbraten. Herausnehmen und mit der Kräuterpaste bestreichen.
3. Zwiebel hacken. Möhren und Zucchini in dünne Stifte schneiden.
4. Öl erhitzen. Zwiebel darin glasig braten. Gemüse dazugeben und bei mittlerer Hitze unter Rühren anbraten. Brühe und Sahne zugeben und aufkochen. Gemüse mit Salz und Pfeffer würzen, mit der gehackten Petersilie mischen und in die Fettpfanne des Backofens geben.
5. Zuerst nur das Rinderfilet auf das Gemüse legen, in den heißen Ofen (mittlere Schiene) schieben und 30 Minuten braten. Mit Pergamentpapier abdecken.
6. Schweinefilets daneben legen und das Fleisch weitere 20 Minuten braten.
Zum Vorbereiten:
Filets anbraten, mit Kräuterpaste bestreichen und unverpackt auf einem Brett vorfrieren. Wenn die Kräuterpaste fest ist, Filets in Gefrierbeutel verpacken. Gemüse zubereiten und extra einfrieren. Fleisch und Gemüse im Kühlschrank über Nacht auftauen lassen. Mit Punkt 5 im Rezept fortfahren.
Beim Festessen läuft der kulinarische Countdown so: Die Blätterteigtaschen brauchen ein paar Minuten zum Aufbacken. Danach die aufgetauten Filets mit dem Gemüse in den Ofen schieben und die Vorspeise servieren. Inzwischen ziehen die Klößchen in der Suppe. Nach den ersten zwei Gängen machen Sie eine kleine Pause – danach ist der Hauptgang fertig.

Mokka-Schokoladen-Creme
(Foto rechts)

FÜR 6 PORTIONEN

Mokkacreme:
6 Blatt weiße Gelatine,
3 ganz frische Eier,
3 Eßl. Puderzucker,
2 Eßl. Instant-Kaffee,
1/4 l Milch,
150 g Schlagsahne,
50 g Mokkabohnen;
Schokoladencreme:
4 Blatt weiße Gelatine,
200 g zartbittere Schokolade,
1/4 l Milch,
3 ganz frische Eier,
1 Eßl. Puderzucker,
eventuell 1 Eßl. Orangenlikör,
150 g Schlagsahne,
50 g weiße Schokolade mit Knusperstückchen.

1. Für beide Cremes die Gelatineblätter getrennt einweichen, Eier trennen.
2. Für die Mokkacreme Eigelb, 2 Eßlöffel heißes Wasser, den Puderzucker und Kaffee mit den Quirlen des Handrührgerätes schaumig schlagen. Ausgedrückte Gelatine in etwas heißer Milch auflösen und zugeben. Restliche warme Milch unter Rühren dazugeben. Creme kühlen, bis sie halb fest ist. Eiweiß und Sahne getrennt steif schlagen und mit den gehackten Mokkabohnen unterziehen.
3. Für die Schokoladencreme zerbröckelte Schokolade in der Milch erhitzen, bis sie sich gelöst hat. Eigelb, 2 Eßlöffel heiße Schokoladenmilch, Puderzucker und Likör cremig schlagen. Ausgedrückte Gelatine in der heißen Schokoladenmilch auflösen und etwas abgekühlt unter Rühren zur Eigelbcreme geben. Wie die Mokkacreme kühlen, mit Eischnee, geschlagener Sahne und gehackter weißer Schokolade vermischen.
4. Die Cremes kühlen, bis sie fest sind.
5. Zum Servieren mit zwei Eßlöffeln Portionen abstechen und auf Tellern anrichten. Nach Wunsch mit frischem Obst und Schokoladenraspeln garnieren.

Leichtes Festessen

Edel, modern und in jeder normalen Küche ohne Streß zu bewältigen: zum Auftakt Erbsencremesuppe und Seezungenfilets mit Kürbisspalten, dann Hähnchenbrust mit Morcheln und Lauch, Gratinierte Kartoffeln mit Ziegenkäse, und zum Dessert Schokoladenpudding. Wem diese fünf Gänge zuviel sind: Das Menü ist auch mit Fisch oder Fleisch eine runde Sache.

Seezungenfilets auf Kürbisgemüse
(Foto links)

FÜR 6 PORTIONEN

500 g frischer Kürbis,
1/8 l Fischfond (Glas),
1/8 l trockener Weißwein oder Gemüsebrühe,
20 g Butter oder Margarine,
2 Teel. Zucker,
1 Eßl. Essig,
Salz, weißer Pfeffer,
12 Seezungenfilets,
Kerbel zum Bestreuen.

1. Kürbisspalten schälen, entkernen und in dünne Scheiben schneiden.
2. Fischfond und Wein etwa 10 Minuten kochen, bis die Flüssigkeit zur Hälfte eingekocht ist.
3. Kürbis in einer Pfanne im heißen Fett andünsten. Zucker, Essig, und Fischfond dazugeben.
4. Fischfilets mit Salz und Pfeffer würzen und auf das Gemüse legen. Zugedeckt 5 Minuten dünsten. Mit Kerbel bestreut anrichten.

Erbsencreme mit Garnelen
(Foto rechts)

FÜR 6 PORTIONEN

2 Schalotten,
1 Bund Suppengrün,
20 g Butter oder Margarine,
1 1/4 l Fleischbrühe,
450 g Tiefkühlerbsen,
100 g Schlagsahne,
Salz, weißer Pfeffer,
Muskat,
12 kleine rohe Garnelen (ohne Schalen),
1 Eßl. Öl,
einige Petersilienblättchen.

1. Gehackte Schalotten und zerkleinertes Suppengrün im Fett anbraten. Brühe und Erbsen zugeben, aufkochen und zugedeckt 15 Minuten bei kleiner Hitze garen.
2. Suppe pürieren, Sahne, Salz, Pfeffer und Muskat zugeben und warm halten.
3. Garnelen im heißen Öl unter Wenden 3 Minuten braten. Suppe in heißen Tellern mit Garnelen und gehackter Petersilie anrichten.

Hähnchenbrust mit Morcheln und Lauch

(Foto rechts)

FÜR 6 PORTIONEN

25 g getrocknete Morcheln,
200 ml Geflügelfond (Glas),
1/8 l trockener Wermut oder Geflügelfond,
2 Stangen Lauch,
2 Fleischtomaten,
50 g Butter oder Margarine,
200 g Crème fraîche,
Salz, weißer Pfeffer,
1 Bund Schnittlauch,
6 Hähnchenbrustfilets mit Haut à 125 g,
3 Eßl. Öl.

1. Morcheln in warmem Wasser 30 Minuten einweichen. Geflügelfond und Wermut bei großer Hitze in 10 Minuten auf etwa die Hälfte einkochen lassen.

2. Lauch in feine Streifen schneiden. Tomaten abziehen und würfeln.

3. Morcheln auf einem Sieb kalt abspülen und in der Hälfte des heißen Fetts andünsten. Geflügelfond und Crème fraîche zugeben und etwa 5 Minuten kochen, bis die Sauce dickflüssig ist.

4. Lauch im restlichen Fett anbraten. Tomaten, Salz und Pfeffer zugeben und einmal aufkochen. Mit Schnittlauchröllchen mischen.

5. Hähnchenbrustfilets mit Salz und Pfeffer würzen und im heißen Öl pro Seite 5 Minuten braten. Mit Morchelsauce und Lauchgemüse auf heißen Tellern anrichten. Dazu passen Bandnudeln oder Baguette.

Gratinierte Kartoffeln mit Ziegenkäse
(Foto oben)

FÜR 6 PORTIONEN

6 mittelgroße Kartoffeln,
Salz,
1 Knoblauchzehe,
1 Schalotte,
1 Eßl. Rosmarinnadeln,
200 g Ziegenfrischkäse,
3 Eigelb,
weißer Pfeffer.

1. Kartoffeln waschen und mit der Schale in wenig gesalzenem Wasser 20 Minuten kochen. Abgießen, pellen und längs halbieren.
2. Knoblauch und Schalotte abziehen und fein hacken, mit gehacktem Rosmarin zum Ziegenkäse geben. Eigelb und Pfeffer zufügen und alles mischen.
3. Kartoffelhälften auf ein Backblech legen und mit der Käsecreme bestreichen. Unter dem Grill oder im vorgeheizten Backofen (höchste Stufe) etwa 3 Minuten gratinieren.

Schokoladenpudding
(Foto unten)

FÜR 6 PORTIONEN

75 g Zartbitter-Schokolade,
75 g Butter,
60 g Puderzucker,
5 Eier,
75 g gemahlene Haselnußkerne,
Fett und Zucker für die Förmchen,
2 Dosen Mandarinen,
6 Eßl. Orangenlikör oder Orangensaft,
1 Eßl. Zitronensaft,
1 Zimtstange.

1. Schokolade ganz fein hacken. Weiches Fett mit der Hälfte des Zuckers schaumig rühren. Schokolade und Eigelb unterrühren.
2. Eiweiß mit dem restlichen Zucker steif schlagen. Auf die Schokoladenmasse geben. Nüsse darüberstreuen. Alles mischen und in 6 gefettete, mit Zucker ausgestreute ofenfeste Förmchen füllen.
3. Förmchen in die Fettpfanne des Backofens stellen und in den Ofen (mittlere Schiene) schieben. Heißes Wasser in die Fettpfanne gießen, bis sie fast gefüllt ist.
4. Pudding bei 180 Grad (Umluft 180 Grad, Gas Stufe 2) 50 Minuten garen.
5. Mandarinen abtropfen lassen. Einen 1/4l Saft abmessen. Mit Orangenlikör, Zitronensaft und Zimtstange 15 Minuten kochen lassen. Mandarinen 5 Minuten darin ziehen lassen.
6. Schokoladenpudding auf Teller stürzen und mit dem Kompott servieren.

Das Freundesfest am Morgen

Weihnachten ist ein Familienfest. Woraus folgt, daß Menschen in der Fremde und/oder Singles am Heiligen Abend kaum Leute zusammenkriegen, die mit ihnen neben dem Weihnachtsbaum sitzen und ein großes Festessen verspeisen. Unser Rat: Seien Sie nicht traurig, sondern kochen Sie statt dessen für den Brunch am ersten Weihnachtsmorgen, wenn alle wieder Zeit haben zum Essen und Klönen in gemütlicher Runde.

Der Weihnachtsbrunch

FÜR ETWA 15 PERSONEN

Speckbrötchen, Pfannkuchen, Rotweinheringe, Ofenkartoffeln mit Käsecreme, Austernpilze mit Melonen, Orangenbutter und Oliven-Kräuterbutter. Säfte, Tee und Kaffee, ein paar Krapfen, Konfitüren und Frühstückseier machen das Vergnügen komplett (von oben rechts im Uhrzeigersinn).

Speckbrötchen
(Foto Seite 129 oben)

FÜR 20 STÜCK

200 g Frühstücksspeck,
1 Zwiebel,
450 g Mehl,
1 1/2 Päckchen Backpulver,
Salz,
1/2 Teel. Kümmelkörner,
250 g Quark (20 %),
9 Eßl. Milch,
9 Eßl. Öl,
Fett und Mehl für das Blech,
1 Eßl. Schlagsahne zum Bestreichen.

1. Speck und abgezogene Zwiebel fein hacken. Bei schwacher Hitze unter häufigem Wenden glasig braten. Abkühlen lassen.
2. Mehl mit Backpulver, Salz und Kümmel mischen. Quark, Milch und Öl zugeben und alles mit den Knethaken des Handrührgerätes zu einem Teig mischen. Speck und Zwiebeln mit den Händen unterkneten.
3. Aus dem Teig eine Rolle formen, in 20 Stücke schneiden und jedes Stück zu einem Brötchen formen. Auf ein gefettetes, mit Mehl bestäubtes Blech legen und mit Sahne bestreichen.
4. Brötchen in den vorgeheizten Ofen schieben und bei 200 Grad (Umluft 180 Grad, Gas Stufe 3) 15 – 20 Minuten backen.

Schwedische Rotweinheringe
(Foto Seite 129 Mitte)

FÜR 10 PORTIONEN

10 Matjesfilets,
5 rote Zwiebeln,
1/4 l trockener, kräftiger Rotwein,
1/4 l Rotweinessig,
200 g Zucker,
2 Lorbeerblätter,
1 Eßl. weiße Pfefferkörner,
1 Eßl. Wacholderbeeren,
1 Teel. Senfkörner,
5 Gewürznelken.

1. Matjesfilets kalt abspülen, trockentupfen und in eine Schüssel geben. Zwiebeln abziehen und in dünne Ringe schneiden.
2. 1/4 l Wasser mit Rotwein, Essig, Zucker, Gewürzen und Zwiebelringen erhitzen, aber nicht aufkochen. Alles 10 Minuten ziehen lassen und abgekühlt über die Matjes gießen.
3. Rotweinheringe zugedeckt im Kühlschrank mindestens einen, höchstens zehn Tage ziehen lassen.

Amerikanische Pfannkuchen
(Foto oben)

FÜR 8 STÜCK

250 g Mehl,
1/2 l Buttermilch,
4 Eier,
1 Päckchen Vanillezucker,
1 Prise Salz,
6 Eßl. zerlassene Butter oder Margarine,
4 Eßl. Öl zum Braten.

1. Mehl und Buttermilch verrühren. Eier, Vanillezucker, Salz und zuletzt die zerlassene Butter unterrühren.
2. Aus dem Teig im heißen Öl 8 große Pfannkuchen backen. Gebackene Pfannkuchen aufeinanderlegen und im Backofen bei 75 Grad warm halten.
3. Oder ein Crêpes-Pfännchen mit Rechaud auf das Buffet stellen, damit sich jeder seinen Pfannkuchen selber backen kann. Dazu Orangenbutter, Konfitüre, Pflaumenmus oder Gelee servieren.

Orangenbutter
(Foto Seite 129, links unten)

FÜR 10 PORTIONEN

125 g Butter,
1 Eßl. Puderzucker,
1 Eßl. Orangensaft,
1 Teel. abgeriebene Schale einer unbehandelten Orange,
1 Eßl. Orangenlikör oder -saft.

Weiche Butter schaumig rühren. Alle restlichen Zutaten untermischen. Butter in einem Schälchen bis zum Servieren kühlen.

Oliven-Kräuterbutter
(Foto Seite 129, links)

FÜR 10 PORTIONEN

1 Eßl. schwarze Oliven,
1 kleine Zwiebel oder Schalotte,
2 Zweige Petersilie,
125 g Butter,
1 Teel. Zitronensaft,
Salz,
weißer Pfeffer.

1. Entsteinte Oliven, abgezogene Zwiebel und gewaschene Petersilie ganz fein hacken.
2. Weiche Butter schaumig rühren, gehackte Zutaten, Zitronensaft, Salz und Pfeffer untermischen. Bis zum Servieren kühlen.

Austernpilze mit Melonenkugeln
(Foto Seite 129, links unten)

FÜR 12 PORTIONEN

1 kg Austernpilze,
10 Eßl. Öl,
2 Netz- oder Honigmelonen;
Sauce:
12 Eßl. Himbeeressig,
12 Eßl. Olivenöl,
200 g Schlagsahne,
2 Knoblauchzehen,
Salz, weißer Pfeffer,
1 Prise Zucker,
1 Bund glatte Petersilie, eventuell 2 Teel. rote Pfefferkörner.

1. Austernpilze in Streifen schneiden. Pilze portionsweise im heißen Öl etwa 5 Minuten braten. Abkühlen lassen.
2. Melonen halbieren, Kerne entfernen. Fruchtfleisch mit einem Kugelausstecher herauslösen. Oder die Melonenhälften in Schnitze teilen, schälen und würfeln. Mit den Pilzen auf einer Platte anrichten.
3. Für die Sauce Essig mit Öl, Sahne, zerdrücktem Knoblauch, Salz, Pfeffer aus der Mühle und Zucker verrühren. Über die Pilze gießen.
4. Zum Servieren mit gehackter Petersilie und den Pfefferkörnern bestreuen.

Ofenkartoffeln mit Käsecreme
(Foto Seite 129, rechts unten)

FÜR 8 PORTIONEN

2 kg mittelgroße Kartoffeln,
Fett für das Blech,
2 Eßl. Öl;
Käsecreme:
250 g Frischkäse,
6 Eßl. Schlagsahne,
250 g Briekäse,
1 kleine Zwiebel,
1 Eßl. gemischte Tiefkühl-Kräuter,
Salz,
Cayennepfeffer,
20 g gehackte Pistazienkerne.

1. Kartoffeln waschen und halbieren. Mit den Schnittflächen nach unten auf ein gefettetes Backblech legen und mit dem Öl bestreichen. In den kalten Backofen (mittlere Schiene) schieben. Ofen auf 220 Grad (Umluft 200 Grad, Gas Stufe 4) schalten. Kartoffeln 40 Minuten backen, bis sie weich sind.
2. Frischkäse mit Sahne verrühren. Briekäse entrinden und würfeln, abgezogene Zwiebel fein hacken. Käsecreme mit Briewürfeln, Zwiebeln, Kräutern, wenig Salz und einer kräftigen Prise Cayennepfeffer mischen und mit den Pistazien bestreut zu den Kartoffeln servieren.

Geflügelcremesuppe mit Möhren
(auf dem Foto Seite 129 in der silbernen Terrine)

FÜR 8 PORTIONEN

600 g Möhren,
2 Zwiebeln,
60 g Butter oder Margarine,
4 Eßl. Currypulver,
2 l Geflügelbrühe (Instant oder selbstgekocht),
4 Hähnchenbrustfilets,
400 g Schlagsahne,
Salz, weißer Pfeffer,
1 Kästchen Gartenkresse.

1. Möhren schälen und in feine Streifen schneiden. Zwiebeln abziehen und fein hacken.
2. Fett erhitzen, Zwiebeln darin bei kleiner Hitze glasig braten. Möhren und Curry zugeben und kurz dünsten. Brühe zugießen und aufkochen. Hähnchenbrustfilets zugeben und bis knapp unter den Siedepunkt erhitzen. Suppe zugedeckt bei kleiner Hitze 10 Minuten garen.
3. Fleisch herausnehmen, in Scheiben schneiden und warm halten. Suppe pürieren. Sahne dazugeben und erhitzen, aber nicht mehr aufkochen. Mit Salz und Pfeffer abschmecken. Fleisch zugeben und erhitzen.
4. Suppe auf einem Rechaud warm halten und die Kresseblättchen auf einem Teller dazustellen, damit sich jeder seine Portion damit bestreuen kann.

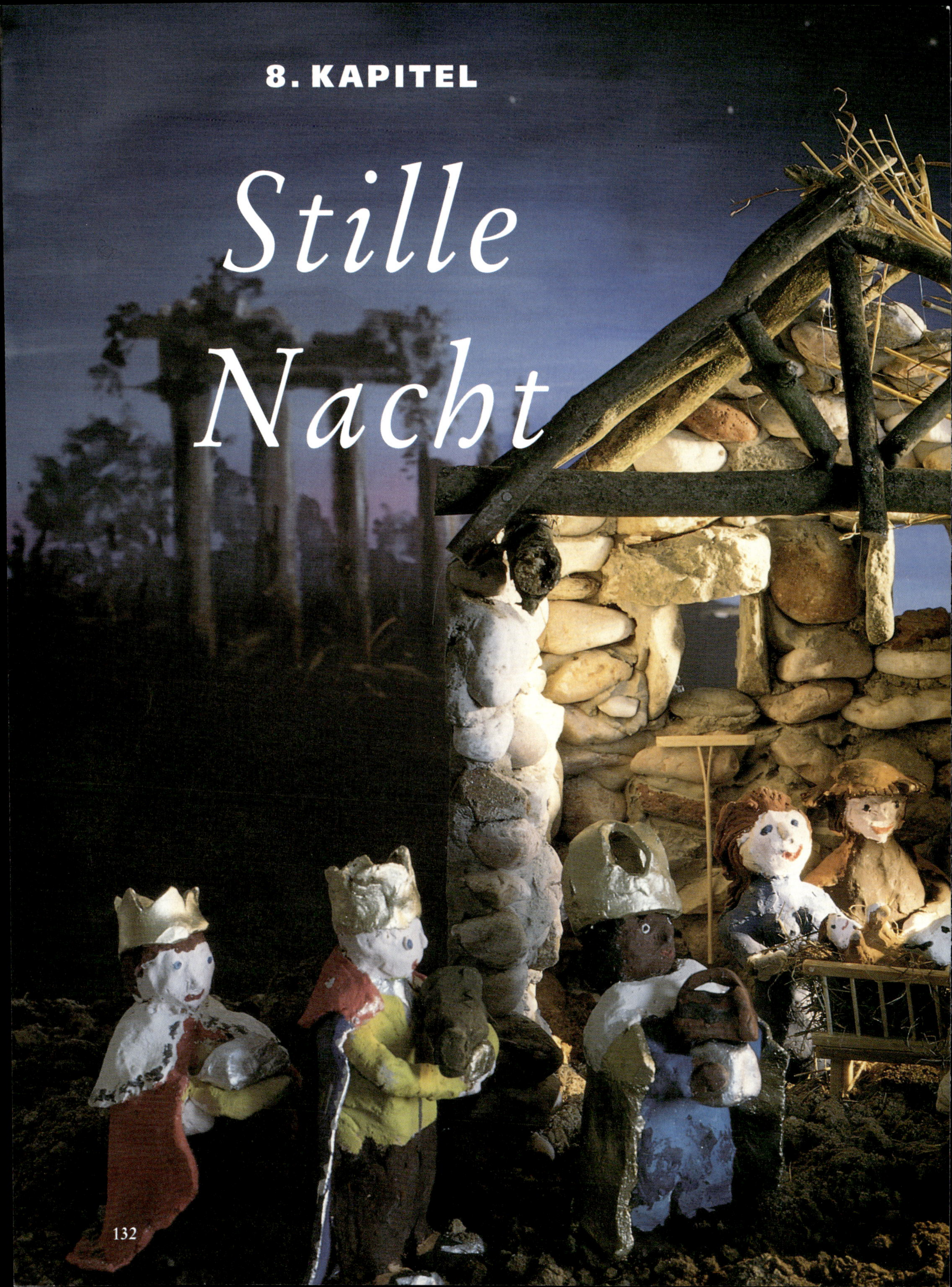

8. KAPITEL

Stille Nacht

Krippe
(Foto Seite 132/133)

Das brauchen Sie:
Kleine Natursteine, Stöcke für das Dachgerüst und Stroh fürs Dach. Außerdem eine kleine Tüte Fixzement und einen Maurerspachtel aus Gummi (Baumarkt), Plastikschälchen, Tablett oder Brett, Sand, kleine Nägel, Alufolie, Säge und Hammer, Modelliermasse.

So wird's gemacht:
Zeichnen Sie sich zunächst die ungefähre Form und Größe der drei Mauern auf. Allerdings bestimmen später die Steine das genaue Aussehen Ihrer Mauern. Probieren Sie daher aus, welche Steine sich am besten ineinanderfügen:
Auf Zeitungspapier Sand ausstreuen und jede Mauer probeweise im Liegen stapeln. Nun zum Mauern Alufolie auf eine Arbeitsfläche legen. (Gut abdecken, Mauern macht Dreck!) Dann eine kleine Menge Fixzement nach der Packungsanleitung in einem Schälchen anrühren. (Nie zuviel auf einmal, da er in wenigen Minuten hart wird.) Nun mit dick aufgetragenem Zement jede Mauer einzeln fertigstellen, die Ecken der fertigen drei Mauern mit Fixzement verbinden. Die Dachkonstruktion passend zurechtsägen und mit kleinen Nägeln zusammenhalten. Stroh aufs Dach legen. Krippe auf ein mit Sand gefülltes Tablett stellen. Für's Formen der Figuren sind die Kinder zuständig. Die Figuren werden aus Modelliermasse geformt und zum Schluß mit Plakafarben angemalt.

Das Fest des Kindes und der Kinder

Endlich ist der Heilige Abend da. Die Kinder sind zappelig, die Erwachsenen gerührt. Wie alle großen und wichtigen Feste steckt Weihnachten voller Bräuche, die sich im Laufe der Zeit kaum verändert haben: Die Familie versammelt sich im festlich geschmückten Zimmer, der Baum strahlt im Lichterglanz, die Weihnachtsgeschichte wird gelesen. Für die Kleinen ist die Bescherung das Größte, die Großen freuen sich aufs festliche Essen. Es wird musiziert und gesungen, und schließlich dürfen die Kinder den Baum plündern.

Die Krippe gab es übrigens eher als den Christbaum. Lange bestand sie nur aus dem kargen Bettchen des göttlichen Kindes. Die ganze Bühne mit Jesuskind, Maria, Joseph, Engeln, Hirten und Tieren ist vermutlich 1567 zum ersten Mal aufgebaut worden. Die Figuren stammten aus dem Besitz der Herzogin von Amalfi.

Klöster, Kirchen und Fürsten besaßen ungeheuer eindrucksvolle Krippen: Künstler modellierten die Köpfe aus Ton und bemalten sie. Nonnen nähten die Gewänder aus Brokat, Damast und Seide, verzierten sie kostbar. Hölzerne Krippenfiguren kamen gegen Ende des 18. Jahrhunderts in Mode, als sich auch bürgerliche Familien für Krippen unter dem Weihnachtsbaum interessierten, aber keine Luxuspreise dafür zahlen konnten. Bis zum Ersten Weltkrieg waren Weihnachtskrippen in Bayern und Österreich Mittelpunkt des Weihnachtsfestes – in den Wohnungen und in den Kirchen. In Italien ist das noch heute so.

Dieser Baum soll geplündert werden:
Für jedes Familienmitglied wurde ein ganz persöhnlicher Lebkuchen gebacken,
den jeder mitnehmen darf.

Oh Tannenbaum

Vermutlich entstand der Christbaum aus den „Wintermaien" – grünen Zweigen oder Bäumchen, die man im Winter in die Stube holte. Die ersten Berichte über Weihnachtsbäume stammen aus dem 16. Jahrhundert – allerdings standen sie noch nicht in Privathäusern, sondern in Zunftstuben. Damals gab es schon Tannenbäumchen mit Leckereien wie heute, aber auch Holzgestelle mit Laub, Zuckerzeug und Gebäck. Erst etwa 100 Jahre später wurden Kerzen an den Baum gesteckt, der nun auch üppigen Schmuck trug: Äpfel, Nüsse, Oblaten, Lebkuchen und Rauschgold. Solche Christbäume waren reiner Luxus, den sich weder Bauern noch „Normalbürger" leisten konnten. Sie erstrahlten in den Palästen der Aristokratie und den Villen der reichen Bürger: Liselotte von der Pfalz, Schwägerin Königs Ludwigs XIV., erzählt vom Christbäumchen ihrer Kindheit, Goethe von einem Baum mit „Wachslichtern, Zuckerwerk und Äpfeln". Mit dem Adel wanderte der Christbaum vom Norden Deutschlands in den Süden und in andere europäische Länder: Die sächsische Prinzessin Therese brachte ihn nach München, als sie den Bayern-König Ludwig I. heiratete. Albert von Sachsen-Coburg führte ihn als Prinzgemahl Königin Victorias in England ein. So wurde der Christbaum schließlich zum Symbol für Weihnachten und breitete sich über die ganze Welt aus.

Baumschmuck
Alles, was diesen prächtigen Weihnachtsbaum schmückt, können Sie nacharbeiten (außer den Teddys). Für die Papierarbeiten, also die Hexentreppe, die Sterne aus Packpapier, die Äpfel, die Häuschen und die Faltsterne, stehen die genauen Anleitungen auf den Seiten 90-93. Die genähten Engel werden auf Seite 141 erklärt. Herz, Stiefel und Zuckerstange werden auch genäht. Schnittmuster und Anleitungen dafür finden Sie auf dem Bastelbogen.

Lauter Äpfel

Weihnachtsfest und Apfel gehören zusammen, seit Ambrosius von Mailand (340-397) dem Apfel seinen bösen Ruf als Frucht der Versuchung nahm. Der Bischof verglich Christus mit einem Apfel: „An das Kreuz geheftet hing Christus einem Apfel gleich am Baum des Lebens und strömte den Duft der Welterlösung aus. Doch nicht bloß Wohlgeruch verströmt die kostbare Frucht, sondern auch süße Labung bietet der Apfel. Solch köstliche Nahrung ist Christus."

Äpfel überall: Nikolaus schenkt sie den Kindern, in haltbarer Ausführung hängen sie als Kugeln am Weihnachtsbaum. In armen Familien Schlesiens war der Apfel sogar Ersatz für den geschmückten Baum: Er bekam drei Holzstäbchen als Beine und wurde mit Tannenzweigen dekoriert. In alten Krippen gab es den Apfelträger, der dem Jesuskind und seiner Mutter einen Apfel brachte.

Der Apfel ist übrigens nicht nur im Christentum so beliebt: Der trojanische Krieg kam zustande, weil Prinz Paris der „falschen" Göttin einen Apfel verehrte. Und die alten Griechen hatten ein wunderbares Symbol für wahre Liebe und ewige Jugend: ein Baum mit goldenen Äpfeln, der im Garten der Götter wuchs. Er wurde von vier schönen Nymphen und einem schrecklichen Drachen so gut bewacht, daß kein Sterblicher in den Genuß der kostbaren Früchte kam.

Apfelpyramide

Besorgen Sie sich in einem Geschäft für Deko-Bedarf einen 50 cm hohen Styroporkegel. Dann Thujazweige mit Blumendraht umwickeln und die kurzen Drahtenden in den Kegel stecken. Kleine rotwangige Äpfel polieren. Durch jeden Apfel ein etwa 30 Zentimeter langes Stück starken Draht stecken. Das Drahtende in den Kegel stecken. Die Äpfel dicht an dicht auf dem Kegel befestigen, Zwischenräume mit Thujagrün ausfüllen.

Apfelkranz

Einen großen grünen Kranz wie bei der Pyramide beschrieben mit Äpfeln bestecken. Efeuzweige um den Kranz winden und ihn mit einer großen Schleife dekorieren.

Äpfel im Schlafrock

(auf dem Foto links)

450 Gramm tiefgekühlten Blätterteig auftauen lassen, etwa messerrückendick auf Mehl ausrollen und zu Quadraten von 15 x 15 cm schneiden. 6 gleichmäßig große Äpfel schälen, die Kerngehäuse mit einem Apfelausstecher entfernen. Die eine Öffnung mit einem Stück Würfelzucker abdichten. Rosinen mit Zimt und nach Wunsch auch mit Rum mischen und in die Äpfel füllen. Die obere Öffnung ebenfalls mit Würfelzucker schließen. Äpfel auf die Teigscheiben setzen, Teigecken darüber zusammennehmen und mit Eigelb festkleben. Restliches Eigelb mit etwas Schlagsahne verrühren, Äpfel rundherum damit bestreichen und auf ein kalt abgespültes Backblech legen. Im vorgeheizten Backofen bei 200 Grad (Umluft 180 Grad, Gas Stufe 3) etwa 20 Minuten backen.

Liebesäpfel

(auf dem Foto in der Mitte)

Zehn kleine Äpfel waschen, trocknen, Stiel und Blüte entfernen. Durch jeden Apfel einen Schaschlikspieß stecken. 250 g Zucker und 3 Eßlöffel Wasser bei mittlerer Hitze erwärmen, bis der Zucker flüssig ist. Ein Päckchen Vanillezucker und etwas rote Speisefarbe untermischen. Äpfel in der Zuckerlösung schwenken, abtropfen lassen und getrocknet in Zellophan verpacken.

Diese Engel können Sie auch am Baum auf Seite 137 bewundern.

Genähte Engel für den Weihnachtsbaum

Das brauchen Sie:
Stoff- und Stickgarnreste, etwas Goldborte oder -litze, Füllwatte, je Engel 2 kleine blaue Perlen, etwas rotes Stickgarn und 1 Bogen Pergamentpapier.
So wird's gemacht:
Den Schnitt für die Engel finden Sie in Originalgröße auf dem Bastelbogen. Auf Pergamentpapier durchzeichnen und ausschneiden (wie das genau geht, steht auf Seite 158). Doppelt mit 1 cm Nahtzugabe aus Stoff zuschneiden und verstürzen, dabei eine Öffnung zum Wenden lassen. Nahtzugaben an Rundungen und Spitzen etwas einschneiden, wenden, bügeln, flach mit Watte füllen, die Öffnung mit ein paar Handstichen schließen. Nun den Kopf noch einmal doppelt aus hellem, glänzendem Stoff zuschneiden, verstürzen, ganz leicht mit Watte füllen, Perlen als Augen aufnähen, den Mund in Rose aufsticken, dann das fertige Gesicht mit der Hand auf den Engel nähen. Flügelhälften aus andersfarbigem Stoff etwas kleiner nur einmal zuschneiden, Kanten 1 cm breit nach links biegen und mit der Hand aufnähen. Frisur aus Goldfäden oder aus Goldlitze aufnähen. Goldborte oder goldenes Band in geschwungenen Linien auf Körper und Flügel nähen. Dabei immer durch alle Stofflagen stechen, damit der Engel noch plastischer wird. Zum Schluß eine Halskrause anbringen und eine Schlaufe zum Aufhängen annähen.

Vom Himmel hoch, da komm ich her

Eines der schönsten Weihnachtslieder singt ein Engel: „Vom Himmel hoch, da komm ich her, ich bring euch gute neue Mär." Text und Melodie stammen von Martin Luther. Er übersetzte nicht nur die Bibel ins Deutsche, sondern schrieb auch seine Lieder auf deutsch statt – wie bisher meist üblich – auf latein. Die Leute konnten den Text endlich verstehen und sogar mitsingen; Luthers Lied ist ein Wechselgesang zwischen Engel und Kindern: „Des laßt uns alle fröhlich sein und mit den Hirten gehn hinein, zu sehn, was Gott uns hat beschert," erwidern sie auf die frohe Botschaft des Verkünders.
Die ältesten überlieferten Weihnachtslieder stammen aus dem 14. Jahrhundert und wurden nur von einem Mann während der Christmette gesungen. Diese ganz alten Lieder erkennen Sie an der Mischung aus Latein und Deutsch: „In dulci jubilo, nun singet und seid froh," ist gewiß das bekannteste.
Es gab auch Lieder, die musikalische Begleitung zum Krippenspiel waren: „In einem Kripplein lag ein Kind; da stund ein Esel und ein Rind ...." Sie erzählten den Zuschauern, was dem Kind in Zukunft geschehen sollte: „Hiernach wohl über dreißig Jahr, da ward dies Kindelein fürwahr um unser ewig Seligkeit getöt' und in ein Grab geleit."
Diese alten Lieder wurden für die Kirche geschrieben, denn dort feierten die Menschen viele Jahrhunderte lang gemeinsam Weihnachten.
Etwa zur Zeit Goethes änderte sich das. Weihnachten wurde zu Hause gefeiert. Zum stillen Fest im kleinen Kreis paßten romantische Lieder wie „Stille Nacht", „O du fröhliche" und „Süßer die Glocken nie klingen" als weihnachtliche Hausmusik. Die Tochter lieferte eine Probe ihres Könnens auf dem Klavier, und die ganze Familie sang mit.

Silberner Engel
Er wird gearbeitet wie der Metallschmuck auf Seite 94. Auch für ihn finden Sie auf dem Bastelbogen eine Vorlage.

Warum haben Engel Flügel?

Rauschgoldengel

Das brauchen Sie:
1 Rolle Goldfolie, 1 Bogen dünne Metallfolie (Schreibwarengeschäft oder Bastelladen), Stopfnadel, Pinnadel mit Kopf, Stricknadel, Bleistift, Nagel oder Kugelschreiber (möglichst mit leerer Mine), kleine Schere, Nähnadel und Nähgarn, Alleskleber und Zeitungen als Unterlage.

So wird's gemacht:
Nach der Rasterzeichnung (1 Kästchen = 2 x 2 cm) originalgroße Papierschnitte anfertigen. Nach diesen Schnitten Kopf, Flügel und Hände aus Metallfolie, alle übrigen Teile aus Goldfolie zuschneiden (die läßt sich besser falten). Nun auf einer weichen Unterlage (Zeitungen) die Schmucklinien arbeiten: Linien für Gesicht und Haare mit leerem Kugelschreiber in die Folie drücken, Frisur evtl. zusätzlich durchstechen. Bei allen anderen Linien Muster leicht vorzeichnen, dann von rechts durchstechen: je nach Feinheit der Linien mit Pinnadel, Stopfnadel oder Stricknadel. Dann Rock und Kragenteile fächerförmig falten (Faltlinien von links mit Bleistift vorzeichnen). Rockteile oben mit einem Faden ganz fest zusammenziehen, hinten zusammenkleben. Alle Teile der Größe nach übereinanderschieben und am Hals etwas miteinander verkleben. Kopf in die Öffnung schieben und festkleben. In den oberen Rock seitlich Schlitze einschneiden. Ärmelteile zur Hälfte legen und einkleben. Hände an den Ärmeln innen, Flügel am Rücken festkleben.

In jeder Religion gibt es Mittler zwischen den Menschen und den Himmlischen. Sie müssen sich leicht zwischen zwei Welten bewegen können: Die Sumerer, die vor etwa 5000 Jahren im heutigen Irak lebten, stellten sich diese Wesen als eine Mischung aus Mensch und Vogel vor. Das Alte Testament erzählt von der Himmelsleiter: Jakob sieht im Traum eine Treppe, „die auf der Erde stand und bis zum Himmel reichte. Auf ihr stiegen die Engel Gottes auf und nieder."

Auch die Griechen gaben ihren Himmelsboten Flügel: Hermes, der in den populär erzählten Sagen wie der Regierungssprecher von Göttervater Zeus wirkt, trug sie am Hut und an den Sandalen. Der junge Götterbote, der auch die Reisenden beschützte und die Toten in die Unterwelt geleitete, hat die christlichen Maler inspiriert: Engel auf alten Bildern sind attraktiv und jung, tragen ihre großen weißen Schwingen höchst graziös. Zwar lassen die Namen der Erzengel Michael, Raphael und Gabriel vermuten, daß Engel männlich sind. Aber die seidige Lockenpracht der Wesen aus der anderen Welt bringt so manches Kind bestimmt auf die Idee, daß sein persönlicher Schutzengel nur eine schöne Frau sein kann.

Einem Traum verdanken wir angeblich die Rauschgoldengel aus hauchdünn gewalzter Messingfolie, die in der Wärme des weihnachtlichen Kerzenlichts zu „rauschen" beginnen: Dem Nürnberger Puppenmacher Melchior Hauser soll sein verstorbenes Töchterchen als goldener Engel erschienen sein. Nach diesem Bild habe er den ersten Rauschgoldengel gestaltet: mit fein modelliertem Kopf aus Wachs oder Holz, Engelshaar, weitem Goldkleid und großen Flügeln.

Die Basis für den Baum

„Und der Tannenbaum wurde in ein großes, mit Sand gefülltes Faß gestellt; aber niemand konnte sehen, daß es ein Faß war, denn es wurde rundherum mit grünem Zeug behängt und stand auf einem großen bunten Teppich!"

So löst Hans Christian Andersen in seinem Weihnachtsmärchen „Der Tannenbaum" das Problem des aufrechten Christbaums. Wir haben seine Idee ein wenig abgewandelt: Unsere Bäume verlassen den Topf gar nicht, in dem sie wachsen, und werden nach Weihnachten in den Garten gepflanzt. Oder sie warten auf dem Balkon aufs nächste Christfest. Die Töpfe kriegen so schönen Schmuck wie der Baum.

Der schöne Halt für den Baum scheint übrigens immer ein heikler Punkt gewesen zu sein: Auf vielen alten Bildern sind die Christbaumständer nämlich durch Geschenke oder durch die Familie verdeckt, die den Baum umsteht. Andere Bilder zeigen einfache Holzkreuze, Töpfe oder rohe Holzklötze, in die der Baum verkeilt war. Nördlich des Mains machte man aus der Befestigung hübsche Weihnachtsgärten: Eine quadratische Holzplatte mit Loch hielt den eher zierlichen Christbaum. Auf der moosgepolsterten Platte wurde die Krippe oder ein Park mit Hecken und Lauben, Teichen aus Spiegelglas, kleinen Pavillons und modisch gekleideten Damen und Herren aufgebaut.

Gußeiserne, verschnörkelte Christbaumständer mit Schrauben halten die Bäume seit Ende des 19. Jahrhunderts. Der Frischhalte-Ständer mit Wasservorrat zog erst nach dem Zweiten Weltkrieg in die Weihnachtszimmer ein, obwohl das Patent dafür bereits 1910 angemeldet worden war – von einer Frau.

Strauß und Topf Ton in Ton
(Foto rechts)
Das Blaugrün von Kiefer und Lorbeer wiederholt sich im Topf. Als zusätzliche Farbtupfer stecken Tanne, Thuja, Ilex und Beeren im Strauß.

Topfverkleidung aus Packpapier
(Foto rechts unten)
Macht kaum Arbeit, aber viel Eindruck: Aus einem großen Bogen Packpapier eine Ziehharmonika falten und im oberen Drittel Zacken als Rille für die Schnur einschneiden. Manschette um den Topf legen, mit Goldband festbinden und mit Kugeln schmücken.

Thujastrauß
(Foto links)
In einen schönen Tontopf paßt kein großer Weihnachtsbaum. Nehmen Sie lieber filigrane Thujazweige, große Seidenschleifen und edle Glasperlenketten.

Magische Misteln
und ein kuscheliger Teddy in einem schönen alten Korb. Spielzeug-Figürchen, dicke Kordel und Bommeln machen's nostalgisch.

Grün und Gold
Verschiedene Zweige, Ilex, Efeu und Beeren in einem Topf anordnen. Um den Topf kommt Gold- oder Silberstoff, den Sie wie eine große Schärpe feststecken.

Strauß mit Erinnerungswert
Die grünen Zweige tragen lauter Sachen, die Sie und Ihre Familie im Lauf der Zeit gesammelt haben – je bunter, desto schöner.

Kunst am Topf
Zehn Gipsengel aus dem Bastelladen mit Farben in Kupfer- und Terrakotta-Tönen bemalen. Ein breites Band um den Topf wickeln, zur Schleife binden und mit doppelseitigem Klebeband befestigen. Engel ebenfalls mit dem Klebeband auf Topf oder Band kleben. Ein Engelchen in die Schleife stecken.

9. KAPITEL

Nach Weihnachten

Alles, was Glück bringt

Papst Silvester I. war schon zu Lebzeiten ein berühmter Mann: Während seines Pontifikats wurde im Jahre 325 das Christentum als römische Staatsreligion anerkannt. Trotzdem fand die Kirche „seinen" Tag nie besonders wichtig; das Kirchenjahr begann nämlich nicht mit dem 1. Januar, sondern mit dem ersten Advent. So blieben Silvester und Neujahr weltliche Volksfeste – mit viel Essen und Trinken, mit großem Getöse und mit buntem Feuerwerk. Übrigens war es den Leuten immer schon egal, ob früher Polizei, Obrigkeit, Pfarrer oder heute Umweltschützer gegen die Knallerei wetterten – in der Silvesternacht ließen sie es krachen. Menschen, die einander freudig begrüßen, machen Lärm. Und wenn wir das neue Jahr begrüßen, machen wir besonders viel Lärm. Mit alter heidnischer Dämonenabwehr hat das nicht viel zu tun.

Dafür sind unsere Neujahrs-Glücksbringer uralt und international: Der Klee mit vier Blättchen bezeichnet die Vollkommenheit – so wie sich das Leben aus den vier Grundelementen Feuer, Wasser, Luft und Erde zusammensetzt, der Mensch im Idealfall die vier Phasen Kindheit, Jugend, Reife und Alter durchläuft, und der Horizont nach den vier Himmelsrichtungen geordnet ist.

Das niedliche „Männlein im Walde", der Fliegenpilz, ist für die Chinesen ein Götterpilz, der langes Leben verheißt. Ein sibirischer Volksstamm glaubte, daß Menschen etwas über die Zukunft erfahren, wenn sie einen getrockneten Fliegenpilz verspeisen. Tatsächlich verursacht das Gift der Pilze Halluzinationen.

Das Schweinchen mit dem Glückspfennig im Maul hat gleich eine doppelte Symbolik: Ägypter, Griechen und Kelten verehrten Schweine als Spender von Glück und Fruchtbarkeit; Münzen waren immer Symbol des Reichtums. Bei mittelalterlichen Wettrennen war das Schwein allerdings nur noch ein Trost- und Spottpreis für den, der als letzter durchs Ziel lief – daher die Redensart „Schwein haben".

Hufeisen sind Glücksbringer, weil Pferde allen Völkern, die sie zähmten und ritten, als besonders wertvolle und edle Tiere galten – weiße Pferde gar als Reittiere der Götter. Im Fernen Osten glaubte man, Pferde könnten mit ihren Hufen Wasser aus dem Erdboden schlagen.

Lange bevor der Marienkäfer im Christentum zum Lieblingstier der Mutter Gottes wurde, das die Kinder ins Paradies bringt, haben ihn die Menschen wegen der magischen sieben Punkte auf seinem Panzer als Glückskäferchen geschätzt.

Gastgeschenke zur Silvesterfeier

Selbstgemachten Punsch, in hübsche Flaschen füllen und als Raketen verkleiden (Foto unten). Das Getränk mit den fünf Zutaten Arrak, Wasser, Zucker, Zitrone und Gewürzen stammt aus Indien und kam durch die Engländer nach Europa.
Auch Neujahrskuchen haben in Asien und Europa Tradition: Zum chinesischen Neujahrsfest, das nach dem Mondkalender in den Januar oder Februar fällt, gibt es Teigtaschen, ähnlich wie Ravioli, oder Glückskuchen (Foto rechts) mit eingebackenen Münzen, Erdnüssen oder Birnenstückchen. Die Münze bedeutet natürlich Geld, die Nuß ein langes Leben. Wer die Birne bekommt, darf ein süßes Leben genießen.
Europäische Neujahrskuchen sind so groß, daß man sie aufschneiden kann. Wer die eingebackene Bohne oder Münze in seinem Kuchenstück findet, wird das ganze Jahr über Glück haben.

So können Sie Ihre Wohnung mit Glückssymbolen dekorieren.

Teamwork beim Silvesterbuffet

Jeder bringt was mit!

Kartoffelgratin und Möhren übernehmen die Gastgeber, gebratene Hähnchenkeulen und selbstgerührte Soßen bringen die Gäste mit. Wer nicht kochen mag, besorgt gekochte Garnelen, gebratenes Roastbeef und geräucherte Forellenfilets. Oder Stremellachs, eine geräucherte Lachsspezialität, die es in guten Fischgeschäften gibt.

Kartoffelgratin vom Blech
(links oben)

1,5 kg Kartoffeln,
Salz, weißer Pfeffer,
600 g Schlagsahne,
300 ml Milch,
3 Eßl. Butter.

1. Kartoffeln schälen, waschen und in dünne Scheiben hobeln. In die Fettpfanne des Backofens schichten, mit Salz und Pfeffer würzen. Sahne und Milch darübergießen. Mit Butterstückchen belegen.
2. Gratin in den kalten Backofen (mittlere Schiene) schieben. Bei 200 Grad (Umluft 180 Grad, Gas Stufe 3) etwa 1 Stunde 30 Minuten backen, bis es gebräunt ist und die Kartoffeln weich sind. Heiß servieren.

Möhren mit Mandeln
(unten)

30 g Butter oder Margarine,
1 kg schlanke Möhren,
Salz,
1 Prise Zucker,
Cayennepfeffer,
3 Eßl. Mandelstifte,
1 kleines Bund Petersilie.

1. Fett in einer großen Pfanne erhitzen. Geschälte Möhren darin rundherum anbraten und unter Rühren 5 Minuten schmoren.
2. Mit Salz, Zucker und Cayennepfeffer würzen.
3. Mandeln und gehackte Petersilie im Bratfett rösten und über die Möhren geben.

Gebratene Hähnchenkeulen
(ganz oben)

3 Eßl. Apfelgelee,
1 Eßl. scharfer Senf,
2 Eßl. Orangensaft,
1 Eßl. Zitronensaft,
1/2 Teel. Zimtpulver,
Cayennepfeffer,
2 Eßl. Öl,
12 Hähnchenkeulen,
Salz.

1. Apfelgelee mit Senf, Saft, Zimt, Cayennepfeffer und Öl verrühren.
2. Keulen salzen, mit der Soße bestreichen und in die Fettpfanne des Backofens legen. In den kalten Backofen (mittlere Schiene) schieben und bei 200 Grad (Umluft 180 Grad, Gas Stufe 3) etwa 30 Minuten backen, bis die Keulen braun sind. Dabei einmal wenden und mit dem Rest der Soße bestreichen. Kalt servieren.

JEWEILS FÜR 6 PERSONEN

Tip
Zu Fleisch, Garnelen und Lachs passen zwei Soßen:
1. Für die Kräutersoße (rechts) vier ganze harte Eier und das Eiweiß von vier weiteren harten Eiern zerkleinern. Je zwei Schalotten und Gewürzgurken und ein Bund Petersilie hacken. Alles mit zwei Eßlöffeln Kapern, 500 Gramm Joghurt (3,5 %), Salz und einem Eßlöffel Senf mischen.
2. Für die Senfsoße (links) das übrig gebliebene Eigelb mit 250 Gramm mittelscharfem Senf und zwei Eßlöffeln Honig mischen. Zuerst einen Achtelliter Öl, dann zwei Bund gehackten Dill und Pfeffer aus der Mühle unterrühren.

Schmalz zu Neujahr

Egal, ob Berliner Pfannkuchen, bayerische ausgezogene Küchel, rheinische Mutzenmandeln, nordelbische Förtchen oder Schmalzküchlein aus Frankreich - Silvestergebäck schwimmt im Fett.

Früher, als die Menschen noch den Hunger fürchten mußten, sorgte ordentlich Fett für Energie und schuf die Illusion von Überfluß: Wer zum Jahresende richtig zulangen konnte, hatte auch im neuen Jahr genug zu essen. Dieser Brauch scheint bei allen Völkern verbreitet zu sein. Die Chinesen zum Beispiel veranstalten am letzten Tag ihres alten Jahres ein großes Festessen. Der Fisch auf der Tafel darf nicht aufgegessen werden, denn die Reste verheißen genügend Nahrung für die kommenden Monate.

Dahinter steckt vermutlich der alte Glaube, daß alles „Zukunft" hat, was in der letzten Nacht des alten Jahres geschieht. Selbst dem Vieh kam das früher zugute: Aus den Teigresten des Neujahrsgebäcks wurde ein Brot gebacken und an die Tiere verfüttert, damit sie gut gediehen. Mit Gebäck wurde auch die Zukunft gedeutet, wie heute beim Bleigießen. In Ostpreußen holte man Figuren aus Brot- oder Kuchenteig mit verbundenen Augen aus einer Schüssel und schloß daraus auf das Schicksal im nächsten Jahr. Wer dreimal das Wickelkind zog, würde ein Kind bekommen, der Ring bedeutete Heirat und die Münze viel Geld.

Manches wirkt ziemlich makaber. In einem Handbuch über Aberglauben aus dem 17. Jahrhundert heißt es: „Andere backen für Neujahr kleine Brötchen, benennen jedes mit dem Namen der Personen im Haus und glauben, daß diejenigen, deren Brötchen beim Backen aufreißen, im selben Jahr sterben oder zumindest schwer krank werden."

Silvesterkrapfen

(Foto unten)

FÜR 25 STÜCK

500 g Mehl
1 Päckchen Trockenhefe
80 g Zucker
1 Prise Salz
1/2 Teel. Zimtpulver
abgeriebene Zitronenschale
2 Eier
80 g Butterschmalz
150 ml Milch
Mehl zum Formen
Fett zum Fritieren
Zucker und Zimt zum Bestreuen

1. Mehl, Hefe, Zucker, Salz, Zimt und Zitronenschale mischen. Eier, weiches Butterschmalz und lauwarme Milch dazugeben. Mit den Knethaken des Handrührgerätes etwa 5 Minuten durchrühren, bis der Teig Blasen bildet. Zugedeckt bei Zimmertemperatur gehen lassen, bis sich sein Volumen etwa verdoppelt hat.
2. Teig auf Mehl kräftig durchkneten und in 25 Stücke teilen. Jedes Stück zuerst zu einer Rolle, dann zu einem Ring formen und die Teigenden gut zusammendrücken.
3. Krapfen mit einem angewärmten Tuch bedeckt etwa 20 Minuten bei Zimmertemperatur ruhenlassen, bis sie aufgegangen sind.
4. Fett zum Fritieren erhitzen und die Krapfen portionsweise etwa 6 Minuten hellbraun ausbacken, dabei einmal wenden.
5. Mit einem Schaumlöffel herausnehmen und auf Küchenpapier abtropfen lassen. Gerade eben abgekühlt mit Zimt-Zucker bestreuen.

Schmalzküchlein aus Frankreich

FÜR 8 PORTIONEN

500 g Mehl
1 Teel. Backpulver
4 Eier
100 g Butter- oder Schweineschmalz
1 Prise Salz
1 Eßl. Orangenlikör oder Orangensaft
Mehl für die Arbeitsfläche
Öl zum Fritieren
Puderzucker zum Bestäuben

1. Mehl und Backpulver in eine Schüssel sieben. Eier, weiches Fett, Salz und Likör oder Saft dazugeben und mit den Knethaken des Handrührgerätes zu einem glatten Teig verkneten.
2. Auf der bemehlten Arbeitsfläche etwa einen 1/2 cm dick ausrollen. Platte in etwa 15 cm breite Streifen schneiden. Diese Streifen von den Schmalseiten her aufrollen und in 2 cm dicke Rollen schneiden.
3. Öl erhitzen und die Teigröllchen portionsweise hineingeben. Mit einem Holzlöffelstiel umrühren, bis die Röllchen Spiralen bilden. In etwa 2 Minuten goldbraun backen. Mit einem Schaumlöffel herausnehmen, auf Küchenpapier abtropfen lassen und warm mit Puderzucker bestäubt servieren.

Drei Könige aus dem Morgenland

Der Sternsinger-Brauch reicht zurück ins 16. Jahrhundert. Erwachsene und Kinder zogen von Haus zu Haus, oft über so gewaltige Strecken wie von München nach Innsbruck. Wochenlang waren sie unterwegs, die Handwerkergesellen, die im Winter keine Arbeit hatten, die Tagelöhner, die ohnehin von der Hand in den Mund lebten, die schlecht bezahlten Lehrer und die Schüler, deren Eltern das Schulgeld nicht zahlen konnten. Die Sternsinger von damals verdienten in der Zeit zwischen Weihnachten und Lichtmeß, am 2. Februar, durch Dreikönigsspiele und Gesang einen Teil ihres Lebensunterhaltes. Die alten Abrechnungen beweisen es: Nicht Äpfel, Nüsse, Gebäck und Süßigkeiten haben sie von ihrem Publikum bekommen, sondern bare Münze. Erst viel später, im vorigen Jahrhundert, haben Lehrer und Erzieher mit ihren Zöglingen den alten Brauch eingeübt. Nun zogen nur noch Kinder umher, die für ihr Lied mit Leckereien belohnt wurden.

So ist Sternsingen in katholischen Gegenden noch heute üblich – als festlich-volkstümlicher Ausklang der Weihnachtszeit. Besonders auf dem Land erwarten die Leute ihre Sternsinger geradezu: Die Lichter am Christbaum brennen zum letzten Mal, Eltern und Kinder sitzen am Tisch, es duftet nach Kaffee und ein bißchen nach Kirche. Denn neben der Platte mit den letzten Weihnachtskeksen glimmen auf einem Teller kleine Weihrauchkegel, die Mutter oder Vater vormittags nach dem Gottesdienst gekauft haben.

Endlich klingelt es an der Haustüre: Die Weisen aus dem Morgenland sind gekommen. Balthasar, der Mohr, hat das Gesicht mit Faschingsfarbe geschwärzt, Caspar ist diesmal ein Mädchen, und Melchior trägt den großen goldenen Stern aus Glanzpapier. Die drei fangen an zu singen – ein bißchen falsch vielleicht, aber ganz sicher rührend –, der kleine Balthasar rückt immer wieder die goldene Krone zurecht, die er etwas zu groß für seinen Kopf gebastelt hat. Wenn sie fertig sind mit ihrem Lied „Wir sind die drei Könige aus dem Morgenland“, kriegt jeder einen rotwangigen Weihnachtsapfel und ein glänzend poliertes Markstück. Einer holt das geweihte Stückchen Kreide aus seinem weiten Umhang und schreibt damit die glückbringende Formel „C + M + B“ auf die Türbalken, eingerahmt von den beiden Ziffernpaaren des neuen Jahres. Die ersten drei Buchstaben der Königsnamen sind gleichzeitig die Abkürzung eines traditionellen Segenswunsches: „Christus mansionem benedicat – Christus segne dieses Haus.“

Übrigens sammeln viele Sternsinger auch heute wieder Geld: im Auftrag der Pfarrgemeinde für einen guten Zweck.

Die Heiligen Drei Könige als Fensterbild

Das brauchen Sie:
2 Bögen schwarzen Fotokarton in DIN A3, Kopierpapier, Klebstoff aus einer Tube mit spitzer Tülle, Lineal, Bleistift, 1 kleine spitze Schere (Silhouettenschere), 1 Schneidemesser (Cutter), Transparentpapier in verschiedenen Farben, und als Unterlage zum Schneiden mehrere Lagen Zeitungspapier oder dicke Pappe. Außerdem: eine Stopfnadel und Zwirn- oder Plastikfaden.

So wird's gemacht:
Die Vorlagen für die Scherenschnitt-Motive finden Sie in Originalgröße auf dem Bastelbogen. Übertragen Sie sie mit Kopierpapier auf den Fotokarton (wie das genau geht, steht auf Seite 158). Schneiden Sie nun alle Flächen, die in der Vorlage weiß sind, aus dem Karton aus: die geraden Linien mit einem Cutter (siehe Seite 158), die Rundungen mit einer Silhouettenschere.
Nun hinter diese Flächen farbiges Transparentpapier kleben, dabei das farbige Papier so großzügig zuschneiden, daß Sie es auf den Stegen festkleben können. Überstehende Ränder werden nach dem Trocknen vorsichtig mit der Schere abgeschnitten.
Stechen Sie in den obersten Kartonsteg mit einer Stopfnadel vorsichtig ein oder zwei kleine Löcher und verknoten Sie darin die Fäden zum Aufhängen. An kleinen Nägeln oder Reißzwecken werden die Figuren ins Fenster gehängt.

Drei Kostbarkeiten haben die Weisen dem kleinen Jesus gebracht: Weihrauch, um ihn als Gott anzubeten, und Gold, um ihn als König zu ehren. Myrrhe, das duftende und heilende Harz des orientalischen Balsambaumes, ist eine sehr traurige Gabe: Hinweis auf Christi Leiden und Tod.

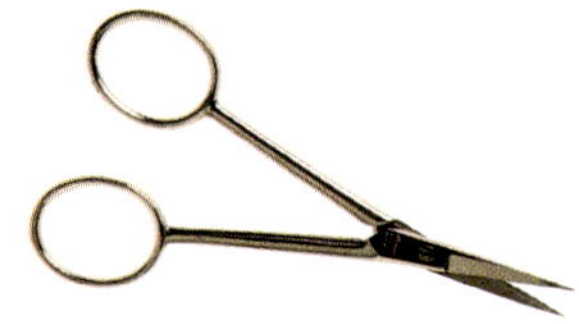

So wird's gemacht

Übertragen der Vorlagen vom Bastelbogen

Legen Sie Transparentpapier (z. B. Pergamentpapier) auf das Motiv und zeichnen Sie alle Linien mit einem spitzen weichen Bleistift (2B) nach. Übertragen Sie dann mit Kopierpapier und spitzem Bleistift das Motiv auf das jeweilige Arbeitsmaterial – Papier, Fotokarton, Pappe, Holz oder Stoff.

Für helle Stoffe besonders gut geeignet ist eine andere Methode: Zeichnen Sie das Motiv wie oben beschrieben auf Transparentpapier durch. Schraffieren Sie die gesamte Fläche auf der Rückseite mit dem weichen Bleistift. Pusten Sie nun überflüssigen Graphitstaub weg, legen Sie das Papier mit der schraffierten Seite auf den Stoff und zeichnen Sie dann noch einmal mit spitzem Bleistift alle Linien des Motivs nach. Sie werden nicht ganz so kräftig wie bei Kohlepapier, lassen sich dafür aber durch Waschen völlig entfernen.

Für dunkle Stoffe, auf denen man schwarze Linien nicht würde erkennen können, gibt es Schneiderkopierpapier in Weiß, Gelb oder Orange. Mit Kopierpapier – egal in welcher Farbe – müssen Sie bei Stoff besonders präzise arbeiten, da seine Spuren beim Waschen nicht immer ganz verschwinden.

Sägen mit der Laubsäge

Sie brauchen außer dem Sperrholz, aus dem Sie die gewünschten Motive aussägen wollen, eine Laubsäge, Sägeblätter und ein Sägebrettchen (eine Sägehilfe, siehe Foto) mit Schraubzwinge (gibt's in Bastelläden und Kaufhäusern auch als Set).
Es gibt zwei Arten von Sägeblättern: normale (von fein bis grob, Nr. 1 bis 9) für gerade Sägelinien und gedrehte (von fein bis grob, Nr. 1 bis 9) für Sägelinien mit Rundungen, die oft die Richtung wechseln. Je feiner das Sägeblatt, desto sauberer wird der Schnitt.
Das Sägeblatt wird so in den Laubsägebogen eingespannt, daß die Spitzen seiner Zacken nach unten (zum Handgriff der Säge) zeigen. Den Sägebogen beim Einspannen leicht zusammendrücken, das Blatt in die Klemmbacken einlegen, dann die Flügelschrauben mit der Hand festschrauben. Ist das Blatt zu locker eingespannt, reißt es leicht.

Schrauben Sie das Sägebrettchen mit der Zwinge so an eine überstehende Tischkante, daß seine Kerbe freiliegt (Foto) und mit der Säge gut zu erreichen ist. Das Holz mit dem Motiv legen Sie so hin, daß die Linie, die Sie sägen wollen, sich jeweils über der Kerbe befindet. Während des Sägens das Sperrholz mit einer Hand gut festhalten, damit es sich nicht verkantet und nicht wackelt. Den Sägebogen halten Sie beim Sägen waagerecht, parallel zu Ihrem Unterarm. Fassen Sie die Säge locker am Griff und sägen Sie langsam und gleichmäßig, fast ohne Druck, an der aufgezeichneten Linie entlang. Am besten ist es natürlich, wenn Ihnen jeder Schnitt in einem „Rutsch" gelingt. Sollte das einmal nicht der Fall sein, müssen Sie das Sägeblatt aus den Klemmbacken schrauben, um es aus der Arbeit ziehen zu können. Anschließend neu einspannen, dann die Säge bis zu dem Punkt führen, an dem Sie mit der Arbeit fortfahren wollen, und den Schnitt vollenden.

Schneiden von Papier und Pappe

Für feine Papierarbeiten, vor allem für Rundungen, ist eine Silhouettenschere besonders gut geeignet (siehe Foto oben). Gerade Linien lassen sich am besten mit einem Schneidemesser (Cutter, siehe Foto unten, mit Ersatzklinge) schneiden. Sie bekommen es im Schreibwarengeschäft oder im Bastelladen. Wenn Sie damit arbeiten, müssen Sie unbedingt eine Lage Zeitungen, dicke Pappe oder ein Holzbrett unter die zu schneidende Fläche legen, damit Ihr Tisch nicht beschädigt wird. So ein Schneidemesser kann tief einritzen!

Für's Schneiden mit dem Cutter brauchen Sie ein Lineal. Legen Sie es genau an die Schneidelinie Ihres Papiers, drücken Sie es fest auf, damit es nicht wegrutscht. Schneiden Sie nun mit dem Cutter am Lineal entlang – der ganze Schnitt soll möglichst in einem „Rutsch" entstehen. Gelingt Ihnen das einmal nicht, müssen Sie die ganze Linie – präzise an derselben Stelle – noch mal am Lineal entlang schneiden. Achten Sie bei inneren Linien darauf, den Cutter genau dort anzusetzen, wo ein Schnitt beginnen soll, und auch nur bis genau zu dem Punkt zu schneiden, an dem er enden soll. Wenn Sie dicke Pappe schneiden, müssen Sie den Cutter beim Schneiden sehr kräftig aufdrücken und das Lineal besonders gut festhalten.

Anritzen mit dem Cutter wird genauso gemacht wie das Schneiden – am Lineal entlang. Der Unterschied ist, daß dabei die Linien nur angeritzt werden sollen, um das Material dann präzise falzen zu können. Entsprechend vorsichtig müssen Sie den Cutter benutzen. Übrigens: An den eingeprägten Linien können Sie den Teil der Klinge abbrechen, der stumpf geworden ist. Sie haben dann wieder eine spitze Klinge.

Anritzen mit dem Falzmesser (oder Falzbein) ist einfacher als mit dem Cutter. Falzmesser (siehe Foto links, auch sie gibt's in Schreibwaren- und Bastelläden) schneiden nicht, sondern hinterlassen nur eine Furche, die sich gut falzen läßt.

Sticken

Für das Sticken auf zählbarem Gewebe und auf Stramin sollten Sie stumpfe Sticknadeln benutzen, die leicht durch die Gewebefäden hindurchgleiten. Für andere Stoffe sind spitze Nadeln besser geeignet. Die Dicke der Nadeln wird durch das Gewebe und den Stickfaden bestimmt. Er muß bequem einzufädeln sein.

Kreuzstich:
Er setzt ein zählbares Gewebe voraus. Seine Fäden müssen waagerecht und senkrecht den gleichen Abstand voneinander haben. Sticken Sie jeweils zuerst eine ganze Reihe im Unterstich – von links unten nach rechts oben. Dann die gleiche Reihe zurück im Deckstich – von rechts unten nach links oben.

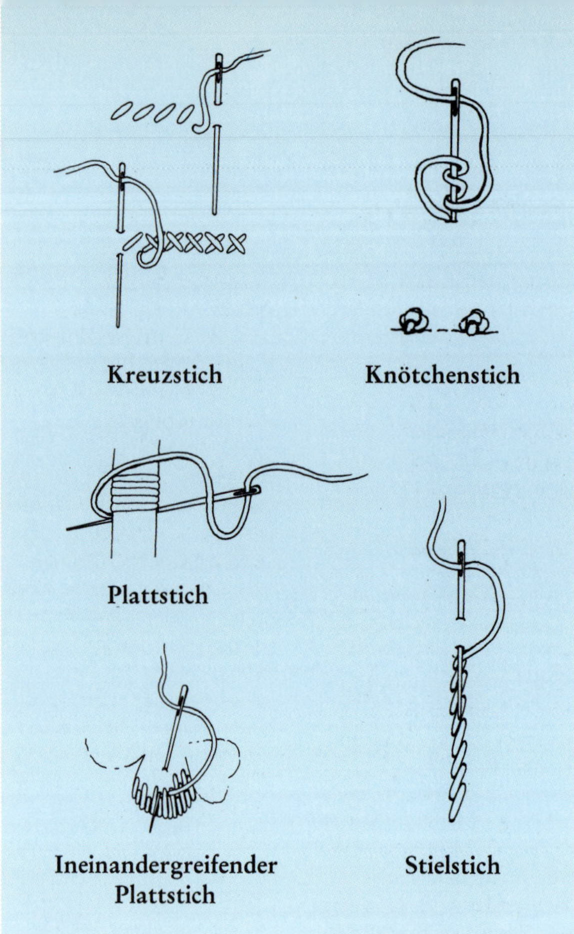

Stielstich:
Er ist für Linien am gebräuchlichsten und eignet sich besonders gut für geschwungene Konturen - oft in Verbindung mit Plattstich. Der Stielstich wird von links nach rechts gearbeitet. Der Faden liegt dabei nach unten auf der Arbeit.

Plattstich:
Er besteht aus dicht aneinanderliegenden, parallelen Stichen, die gerade oder schräg die Muster ausfüllen. Die Stiche können von links nach rechts oder von oben nach unten ausgeführt werden. Beim Plattstich sollten Sie immer mit Stickrahmen arbeiten.

Ineinandergreifender Plattstich:
Er wird bei breiteren Motiven angewandt: Kurze, ineinandergreifende Stiche bedecken hier die Fläche. Auch dafür ist ein Stickrahmen wichtig.

Knötchenstich:
Er liegt plastisch auf dem Stoff auf und ergänzt andere Sticharten. Man sticht von links durch den Stoff, wickelt den Faden unmittelbar am Ausstich mehrere Male um die Nadel, sticht knapp am Ausstich wieder ein und zieht den Faden an. Das Knötchen dabei mit der Hand etwas festhalten. Seine Größe hängt davon ab, wie oft Sie den Faden um die Nadel wickeln.

So sehen die Schablonenpinsel aus, die Sie für die Misteldecke auf Seite 108 brauchen.

Filethäkelei

Stäbchen und Luftmaschen ergeben bei der Filethäkelei das gitterartige Muster (Zeichnung). Für jedes Kästchen der 1. Reihe einer Schemazeichnung werden zunächst 3 Luftmaschen angeschlagen, dazu am Ende der Reihe 1 Luftmasche zusätzlich. Jede Reihe beginnt mit 2 Luftmaschen statt des 1. Stäbchens. Für jedes gefüllte Kästchen häkelt man 3 Stäbchen auf die entsprechenden 3 Anschlagmaschen bzw. die Maschen der Vorreihe. Für jedes leere Kästchen arbeitet man 2 Luftmaschen, übergeht 2 Anschlagmaschen bzw. 2 Maschen der Vorreihe und häkelt auf die folgende Masche 1 Stäbchen. Ist eine Reihe kürzer als die vorherige, bleibt einfach vor dem Wenden die entsprechende Anzahl Maschen unbearbeitet liegen. Beginnt

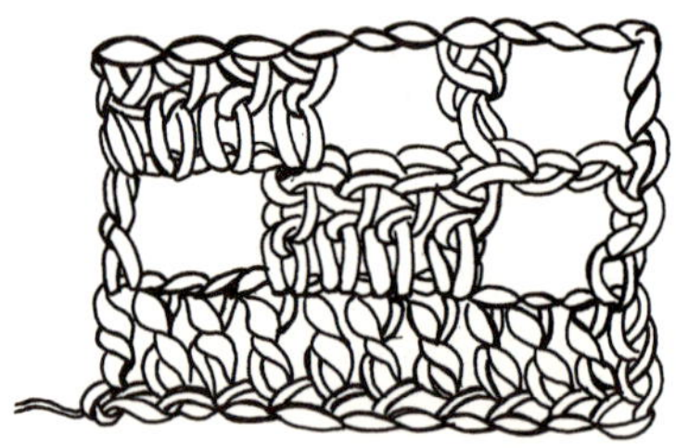

eine Reihe später als die vorherige, wird mit Kettmaschen bis zu der betreffenden Stelle zurückgegangen. Wenn Reihen breiter werden sollen als vorher, müssen vor Beginn dieser breiteren Stelle entsprechend viele Luftmaschen (3 Luftmaschen je Kästchen) angehäkelt werden. Erfolgen diese Zunahmen an beiden Seiten gleichzeitig, wird dafür an einer Seite ein extra Faden verwendet. Die hängenden Fäden später sauber vernähen.

Brigitte-*Themen als* Brigitte-*Bücher*

Die neue Gymnastik
Von Iris Bader und
Christa Möller

Sanfte Fitness und aktive Entspannung
Von Iris Bader und
Christa Möller

Die neue Brigitte-Diät
Von Helga Haseltine und
Marlies Klosterfelde-Wentzel

Brigitte-Vollwert-Diät
Von Barbara Rias-Bucher

Richtig einkaufen – Gesund essen
Von Elisabeth Lange

Leichter essen
200 Gourmet-Rezepte
ganz ohne Cholesterin
Von Barbara Rias-Bucher

Fleischlos glücklich Neue Rezepte
Von Barbara Rias-Bucher

Kochen für Gäste
Von Inge Schiermann

So kocht Italien
Von Rotraud Degner

Chinesisch kochen
Von Buh-Yu Großmann

Kochen für zwei
Neuausgabe
Von Inge Schiermann

Kochen wie im Bistro
200 raffinierte Rezepte
für die schnelle Küche
Von Inge Schiermann

Kinderfeste
Von Gisela Könemund

Kinder basteln
Von Gisela Könemund

Das machen wir alles zusammen
Von Gisela Könemund

Mode Klassiker selber nähen
Von Antje von der Heyde

Neues Nähen
Von Käthe Fischer und
Antje von der Heyde

Sticken
10 verschiedene Techniken
Wunderschöne Geschenke
Von Kathrin Behrens und
Ariane Heyduck

Alles für die Kleinen
Von Gundi Heine und
Jutta Barthel

Geschenke malen, sägen, schnitzen…
Von Renate Herzog

Brigitte Weihnachten
Von Barbara Rias-Bucher und
Traute Scardovelli

Heiraten
Das genaue Drehbuch für
das schönste Fest Ihres Lebens
Von Hannelore Krollpfeiffer

Den richtigen Mann finden
Sechs Schritte zur
passenden Partnerschaft
Von Eva Wlodarek

Mensch, Papa!
Vater werden.
Das letzte Abenteuer
Von Kester Schlenz

Gegen alle Entfernungen
Von Anne Steinwart

Den Arm voller Blumen für euch
Gedichte

Tränen ersatzlos gestrichen
Gedichte von Frauen

Nähe ganz nahe Nähe
Gedichte vom Leben zu zweit

Woher kommt die Hoffnung
Gedichte

Fällt ein kleines Blau vom Himmel
Gedichte

Mädchen
Ein Ratgeber für die Jahre
zwischen 12 und 16
Von Sabine Schwabenthan
und Vivian Weigert

Neue Mütter – Neue Töchter
Von Petra Oelker

Empfängnisverhütung
Von Angelika Blume

Wechseljahre
Von Sylvia Schneider

Was Frauen über Geld wissen sollten
Von Eva Dörpinghaus

Frauen machen sich selbständig
Von Erika Markmann

Mit eigenen Augen sehen
Selbstliebe lernen
Von Margaret Minker

Mit Leib und Seele gesund werden
Psychosomatische Hilfe
für Frauen
Von Margaret Minker

Selbstsicher reden
Ein Leitfaden für Frauen
Von Christiane Tillner
und Norbert Franck

Psycho-Spiele
Von Oskar Holzberg
und Claudia Clasen-Holzberg

Wege aus der Drogensucht
Berichte über Menschen,
die den Ausstieg geschafft haben
Von Linda Reichmann